企→业→日→常→管↓理←系←列←丛←书

销售团队管理常见问题清单

杨莎莎
编著

地震出版社
Seismological Press

图书在版编目（CIP）数据

销售团队管理常见问题清单 / 杨莎莎编著 . -- 北京 : 地震出版社 , 2021.10
（企业日常管理系列丛书 / 陈明星主编）
ISBN 978-7-5028-5235-1

Ⅰ . ①销… Ⅱ . ①杨… Ⅲ . ①企业管理—销售管理 Ⅳ . ① F274

中国版本图书馆 CIP 数据核字 (2021) 第 089109 号

地震版 XM4560/F（6106）

销售团队管理常见问题清单

杨莎莎 编著
特约编辑：段会敏 芮秋月
责任编辑：凌 樱
责任校对：鄂真妮

出版发行：地 震 出 版 社
北京市海淀区民族大学南路 9 号　　邮编：100081
发行部：68423031　68467991　　传真：88421706
总编室：68462709　68423029
证券图书事业部：68426052
http：//seismologicalpress. com
E-mail：zqbj68426052@ 163. com
经销：全国各地新华书店
印刷：北京柯蓝博泰印务有限公司

版（印）次：2021 年 10 月第 1 版　2021 年 10 月第 1 次印刷
开本：710 × 960　1/16
字数：290 千字
印张：16.5
书号：ISBN 978-7-5028-5235-1
定价：50.00 元

前　言

PREFACE

常言道："不想当将军的士兵不是好士兵！"每个人都应该有自己的职业追求，将自己锻炼成为一名出色的职场精英。有了目标，工作起来才有劲头，才会让自己获得长足的发展。

工作就是在解决问题，而解决问题的水平则体现了一个人工作能力的高与低。如何在日常工作中，通过解决每个实际问题而不断提升自己的工作能力，是每个人晋升和自身发展亟待解决的问题！为此，我们特别编写了"企业日常管理系列丛书"。

该丛书包括：《财务工作常见问题清单》《采购管理常见问题清单》《仓储管理常见问题清单》《新产品运营管理常见问题清单》《供应链管理常见问题清单》《行政工作常见问题清单》《绩效管理常见问题清单》《客户服务常见问题清单》《企业资本运营常见问题清单》《人力资源工作常见问题清单》《商品配送管理常见问题清单》《生产管理常见问题清单》《物流服务常见问题清单》《销售团队管理常见问题清单》《促销管理常见问题清单》《项目运营常见问题清单》《国际贸易管理常见问题清单》《大客户销售常见问题清单》共18本，通过对日常工作常见的问题和容易忽略的细节问题进行了梳理，并在整体上架构了不同职位人士的日常工作模型，让每一项工作一目了然，细节无遗漏，工作不失误。读者可以根据所需即查即用，轻松解决工作问题。

本系列丛书有如下特点：

第一，能帮助我们重新梳理自己的工作问题，让工作脉络更加清晰。

第二，能帮助我们加深对每项工作的理解，既有针对工作问题的规范性操作，也有经验性的总结，两者的完美结合会对工作问题的解决起到事半功倍的效果。

第三，每项工作问题都设有工作场景描述，读者可以根据工作需要，即查即用，避免了在漫天的文字中间寻找答案，非常实用、方便。

第四，通过本系列丛书的学习，帮助我们养成总结工作经验的习惯。

第五，引导我们形成“问题导向”的工作意识，从此进入自我提升的快车道。

本系列丛书认真选取了当下企业中的热点职位及部门，从日常工作的实际问题出发，针对每个工作问题进行了思路拓展性的解读与分析，给出了经验性的总结阐述，改善从业者的当前工作局面，为从业者搭建起工作能力提升的可靠阶梯，也为相关专业工作人员全面提升业务水平提供了可借鉴的学习读本。

无论市场如何变换，盈利模式如何改变，企业都离不开具有战斗力的销售团队。销售团队的实力决定企业的发展，销售团队管理是一项非常重要的工作。销售工作中的一些失误，不仅影响销售业绩，还会对企业形象、美誉度等软实力的提升造成不良影响。建立一支专业规范的销售团队，企业需要在销售团队管理的各个环节做到专业化、规范化。

本书倡导“销售团队清单式管理”，以“销售团队管理工作常见问题”为主题展开，全面梳理销售团队管理工作中的常见问题，嵌入“问题导向”的思维意识，重新梳理各项销售团队管理工作，并通过操作规范指导与工作经验提示相结合的阐述方式，悉数销售团队管理工作的关键点。

这是一本揭开销售团队管理工作“问题导向”思维方法的书。读者朋友可以对照销售团队管理工作中的常见问题，即查即用。

本系列丛书在编写过程中，得到相关从业者及工作伙伴的大力支持和配合，在此一并表示感谢！

目　录

CONTENTS

第 1 章　销售团队组建常见问题

第2章 销售人员招聘常见问题

第3章 销售人员培训常见问题

第4章 薪酬制度设计常见问题

第5章　销售团队成员激励常见问题

第6章 销售人员管控常见问题

第7章 销售人员绩效考核常见问题

第8章 销售团队日常事务常见问题

第1章

销售团队组建常见问题

优秀的销售团队，可以为客户提供全方位的销售服务，以获得协同和配合，增强产品和服务的差异性和增值性，从而建立争夺市场优势的基础。同时，市场环境多变，要求销售团队保持快速响应能力，从而及时调整市场策略，使销售模式保持动态的领先优势。

1.1　如何明确销售团队的目标和任务

> **工作场景描述**
>
> 当想明确销售团队的目标和任务时，可查看。

解读与分析

在建立一个销售团队之前，企业必须要明确其目标和任务。这些目标和任务要和企业的发展规划相一致。要想明确销售团队的目标和任务，企业必须清楚销售团队都有哪些种类。

1.交易型销售团队

在购买过程中销售方能以多种途径增加价值，例如协助客户明确他们的需求或帮他们考虑可能未曾想到的解决方案。面对一笔交易，交易型销售团队可以采取三种策略。

（1）创造新价值。这种策略是寻找途径区分产品，方法之一是增加增值服务。例如，美国快运提供了数种与竞争对手不同的特别服务。顾客用卡租车时即可自动上保险，即使晚到也可保证旅馆有空房，不管顾客在哪儿把卡丢失了，他们均可在24小时内补办新卡。

（2）适应交易型销售。交易型销售目的是传递产品本身价值。这种策略是增加价值，即通过降低成本、风险及获得产品或服务的难度来协调交易。例如，某汽车销售企业认为，除了较低的价格外，去除中介销售人员，不仅会让购车更顺畅方便，还会降低销售成本。

（3）做市场。在交易型销售中增加价值的一种创造性途径就是将交易本身变成一种独立产品。

目标和任务：多种途径达成交易。

2.顾问型销售团队

在交易型销售中，销售人员对顾客价值的贡献仅限于提供产品信息和处理订单。在顾问型销售中，销售人员可以通过以下方式挖掘顾客价值。

（1）帮助顾客以新的或不同的方式理解他们的问题和关心的事项。销售人员须投入必要的时间和精力来理解顾客的问题和关心的事项。交易型销售的目标是尽快达成交易，但在顾问型销售中，交易心切反而会失去创造价值的有利机会。

（2）向客户展现针对问题的新的或更好的解决方案。

（3）充当客户的顾问。顾问型销售需要不同于交易型销售的技能。顾问型销售人员要从产品优势的“发言人”转变成“挖掘者”，即知道如何协助顾客挖掘问题和关心事项，创造销售机会。

目标和任务：更多的时候是提供产品信息和处理订单。

3.企业型销售团队

企业型销售团队的活动围绕着企业的长远发展规划展开，可能并不会很在乎销售活动的利润成果，但非常注重企业影响力的传播。

目标和任务：实现企业的长远发展规划。

在交易型销售中，顾客直接购买产品；在顾问型销售中，顾客除购买产品外，还购买建立在销售人员建议基础上的业务关系；而在企业型销售中，客户购买的是企业的整体价值创造能力。顾问型销售需要向引发销售的所有业务关系，预先投入时间、精力和资金。他们并不能在第一次销售中就开始赚钱，而是在日后的销售，如第四次或第五次销售中开始赚钱。而在交易型销售中，团队马上就能赚到钱。企业型销售的另一特征是关系中的双方地位平等。在交易型销售中，供应商地位次要，要受顾客的摆布。相对交易型销售人员而言，顾问型销售人员受到了更多尊重，但双方还是不平等；在企业型销售关系中，客户的研发部门会和销售方研发部门通力合作，开发新产品，以满足顾客的需求。

企业型销售团队A与B一道开发产品和进行包装设计。双方的工程师在各自的工厂工作，以提高绩效，并为对方的问题带来新想法。最终两家公司进行了约200个项目的合作，降低了成本，创造了价值。与交易型或顾问型销售不同，企业型销售业务关系不在销售人员或团队控制之下，可以有更多的各类人员参与其中，包括销售、采购和销售支持人员，还包括生产人员、工程师、物料经理及许多其他职能人员。

关键点提示

明确销售团队的目标和任务，要从以下三个方面进行分析：

1.交易型销售团队以多种途径达成销售交易；2.顾问型销售团队更多的时候是提供产品信息和处理订单；3.企业型销售团队围绕企业的长远发展规划而展开活动。

1.2　如何设计销售团队的职能

工作场景描述

当想设计销售团队的职能时，可查看。

解读与分析

销售团队的职能是针对企业的销售要求而制订的，不同企业的销售团队的职能是各不相同的。这里对一些共性职能进行简述。

1.制造销售氛围

制造销售氛围是销售团队的重要职能之一，包括户外广告、灯箱、店招、产品摆放、产品专柜、各种促销海报和POP等，都是为了创造购买的气氛，吸引消费者，从而达到销售的目的。因此，团队必须从如何吸引消费者出发，采取各种生动的方法和手段来营造销售氛围。

2.维护企业形象

团队制造销售氛围要以吸引消费者为目的，但同时必须维持企业产品和品牌形象的一致性，不能改变企业的标准色、标准字、产品和品牌及相关制作标准。

3.紧跟市场节奏

市场在不断变化，重大事件、重要活动、竞品新政策和促销活动等都可能对企业的销售产生影响，团队销售人员应通过各种渠道收集信息并进行分析，及时调整市场应对策略。例如对手在竞品中推出了新的促销活动，设计了更新颖的活动海报和促销品，团队就应及时调整自己的展示策略，采取相应的行动。

4.实施多态方案

根据新兴渠道和传统渠道不同的分销成本和经营特点，实行价格、服务、支持等扶优策略，以支持对企业市场竞争具有战略意义的渠道。例如可以给予那些承担特定功能要求和提供高附加值服务（如市场开拓、物流配送和售后服务等）的分销商回扣优惠，或者依照分销商的服务价值调整其经销企业产品的利润和提供其他综合支持，平衡各类渠道的收益水平，缓解冲突。

在市场日益多元化、产品频繁推陈出新的今天，销售团队的职能绝不仅仅是销售那么简单，还要负责形象推广，甚至团队所有的活动都要与企业长远规划挂钩。

关键点提示

设计销售团队的职能包括以下四点：

1.制造销售氛围；2.维护企业形象；3.紧跟市场节奏；4.实施多态方案。

1.3 如何界定销售团队的岗位职责

工作场景描述

当企业需要界定销售团队的岗位职责时，可查看。

解读与分析

激烈的市场竞争迫使企业必须把销售团队建设作为销售管理工作的重中之重，并以此奠定企业竞争力的基础。当前，企业必须注重开发界定销售团队中以下四类典型人才的岗位职责。

1.销售战略专家

在现代市场竞争中，销售战略专家通常是企业销售决策的核心力量。这类专家既具有系统的理论知识和思辨能力，又具有丰富的实战经验和行动能力；既具有长远的、系统化的战略眼光，又具有对当前事物的深刻观察和体验。他们极富创新能力，能够把认知和行动紧密地结合起来，从而找到战略和战术的结合点。

2.销售技术专家

销售技术专家往往构成企业销售系统的“大脑”，包括市场调查专家、销售企划专家、公共关系专家、广告专家等。他们的存在，使得企业的决策层及时掌握销售现状和市场情况，利于最高决策层及时做出决策。由于这一类型的专家过于重视理论的价值，因而他们提供的方案或建议在实践中并不一定完全行得通，但团队不能缺少这样的人才。如果企业仅仅依靠传统的经验性决策，失败的概率会很大。当然，如果团队一时难以配齐各方面的销售技术专家，可以适当借助社会的力量，例如大专院校的专家学者、销售咨询企业的顾问等，以便为企业的销售决策提供科学的保障。

3.销售执行经理

这类人才主要是指企业销售团队中的地区经理或产品经理，他们领导一批成员，负责一个地区或一类产品的销售活动，是企业销售计划的执行者。执行经理可以从团队推销人员中选拔，也可以直接从社会上招聘。销售执行经理应当拥有丰富的产品知识和市场知识，并具有良好的管理沟通能力。这样的人才能带起整支销售队伍，提高工作绩效。

4.销售人员

销售人员在整个销售队伍中处于最基层，他们负责一种或几种产品，在被划定的市场辖区内开展销售活动。正如士兵是军队的基础一样，销售人员构成了销售团队的基础。实际上，团队的一切战略、战术、方针、政策，统统都会落实到销售人员这一层面。虽然在实际的销售活动中，并不是每个销售员都能创造上佳的业绩，但团队必须给予其中20%的精英销售员以更多的关注，因为他们可能为团队创造80%的销售业绩。抓好这支庞大的队伍并不是一件容易的事，团队必须付出艰辛而长期的努力。因为根据经验，高级销售人才可以引进，而基层销售人员的成长则主要依靠团队自身的培养。

销售团队必须对上述四类人员的岗位职责有明确的界定。在一个团队中，这四种类型的人在实际工作中是相互依靠、相互制约的关系，企业只有处理好他们之间的协作，才能真正使销售团队的工作卓有成效。

关键点提示

销售团队的岗位职责应从以下四类人员来界定：

1.销售战略专家；2.销售技术专家；3.销售执行经理；4.销售人员。

1.4 如何规划销售团队的人员设置

工作场景描述

当企业想规划销售团队的人员设置时，可查看。

解读与分析

销售团队是为市场而设计的，所以在不同的市场上，企业对销售人员的配备设置也是不同的。如果将市场分为核心和二三级市场，其人员设置要满足下面的要求。

1.在核心市场上以积极嫁接和进入新兴渠道为主的人员设置

在核心市场上以积极嫁接和进入新兴渠道为主的人员设置，一方面可加强企业的产品力和品牌力，提高对此类渠道的掌控力；另一方面通过改进管理水平提高效能，又能加强与新兴渠道的协同能力。同时，企业以传统渠道为辅，覆盖某些差异化细分市场和深入社区销售等，不仅可以提高核心市场的占有率，还可以在一定程度上制衡某些大型新兴渠道。

人员要求：销售战略专家、销售技术专家、销售执行经理。

2.在二三级市场上以传统分销渠道为主的人员设置

企业应当积极导入深度销售的管理模式，在二三级市场上以传统分销渠道为主的人员设置，构建以企业为主导的管理型销售价值链，通过深层次的战略协同以及运用现代管理技术和手段，提高整体的分销效率和增值服务功能，增强其与新兴渠道的竞争力，从而更好地覆盖国内差异巨大的二三级区域市场。

人员要求：普通销售人员。对新兴渠道与传统渠道进行有效细分和合理定位，充分发挥其互补性，通过基于多渠道协同思想的动态组合市场销售策略的运作，增强企业市场竞争的动态领先优势。

关键点提示

企业规划销售团队的人员设置时主要从以下两个方面着手：

1.在核心市场上以积极嫁接和进入新兴渠道为主的人员设置，即以销售战略专家、销售技术专家、销售执行经理为主的人员配备；2.在二三级市场上以传统分销渠道为主的人员设置，即以普通销售人员为主的人员配备。

1.5　如何合理建立销售管理团队

工作场景描述

当企业想构建合理的团队领导班子或想改进不合理的团队领导班子时，可查看。

解读与分析

销售团队中有各种角色存在，领导班子的任务就是通过诸如培训、惩罚、激励等方式，使他们的才能充分发挥出来，并组织和领导团队完成拟订的销售任务。因此，如何构建合理的团队领导班子，对一个销售团队来说相当重要。企业在建设销售团队领导班子时，应当注意以下几点。

1.精选领导

领导的角色是相当重要的。任命领导应是企业的重点工作。对于那些发现不了销售工作中存在的问题和市场中的机会，没有工作思路，制订不出能够实施的行动方案，无法为团队指明方向却总是强调客观因素，一味向上面要政策、要支持的领导人员，企业应该将其尽早调离销售部。

2.选好副职

副职即副手，副手不是传话筒，要能配合领导的决策，更要能为决策献计献策，所以副手要具备相应的素质。此外，副手要与下属打成一片，要充当领导和底层员工交流的纽带。

3.优化结构

结构体系对销售团队的工作影响巨大，一般的金字塔型结构不利于快速决策，而平行结构在管理方面又容易出现交叉混乱。对于销售团队领导班子的结构体系，有一段顺口溜，非常形象："年龄梯队要合理，知识互补很重要，专业相济需考虑，智力叠加呈比例，沟通灵敏是关键，气质协调组合好。"

4.定期考核

在有些企业里，存在只会阿谀奉承却无实际工作能力的人。这种人，为了使企业重用自己，有时不惜吹牛说谎，诽谤别的优秀管理人员。企业应该定期考核，以防范他们升任高位，因为提升了这些人就等于惩罚了那些真正一心为企业工作、认真负责的人。

防范那些只会花言巧语但无实际能力的人进入团队领导班子的最有效办法是大力任用品行端正、敢于直陈忠言的优秀人才，在企业内部营造能者上、庸者下的良好用人氛围。

关键点提示

企业构建销售管理团队领导班子时必须做到以下四点：

1.精选领导；2.选好副职；3.优化结构；4.定期考核。

1.6　如何选任销售经理

工作场景描述

当企业需要为销售部选任销售经理时，可查看。

解读与分析

对一名合格的一级销售部门经理而言，只有知识是远远不够的。知识只是保证成功的必要条件，除此之外，销售经理还必须具有各项其他技能。这些技能是实践性很强的技能，例如，有过站柜台、跑推销经历的最好。对于基层销售员每日从事的工作、将要碰到的困难，一级销售部门经理必须熟悉，必须有体会、有心得，必须清楚他最紧要的是什么：是忙着照搬原来的制度，还是根据实际情况为区域销售注入新的运转机制。否则，所谓工作辅导、榜样作用、行动计划的制订乃至团队建设等都是一句空话。一级销售部门经理必须做到如下几点。

1.理解职能

企业在聘请一级销售部门经理时须了解，有实力的候选人往往关心企业文化、企业内部运作环境、企业老总的个人经历、销售部曾发生的重大事件、薪酬待遇等。外强中干的“绣花枕头”却热衷讨论具体的销售工作，急着提出工作方案，表明自己的价值。询问候选人以前的销售经历和体会，可以了解他的经验是否足够丰富，是否有能力、有办法深入工作的表层之下。一级销售部门负责人作为一个销售部门的正式负责人，要对下属进行激励和引导，包括对下属进行雇用、训练、评价、付酬、提升、表扬、干预、解雇等。部门的节奏通常是由销售经理来决定的，销售部的工作是否卓有成效，取决于销售经理是否有远见及向部门中注入的力量大小。这些职能可以细化为以下几种。

（1）协调。

（2）领导团队解决问题。

（3）为团队提供资源。

（4）指导团队成员处理问题。

（5）帮助实施计划。

（6）塑造企业形象。

2.承担责任

销售经理能带领团队实现一定的销售目标，扩展现存的顾客基数，保证团队遵守安全的规则，避免错误的出现，在适当的时候，要能准备预见性的挽救措施。

3.激励团队

销售经理在团队中最大的作用不是管理，不是监督，而是指引方向、鼓舞士气。士气低迷、业绩不佳的销售队伍永远感到前途渺茫，不知何去何从，这时问题很可能出在一级销售部门经理身上。

4.提供适当的指导和支持

优秀的一级销售部门经理，都有与最终消费者保持接触的工作习惯。领导者要时常询问一级销售部门经理上一次见到消费者的时间、地点和感受，帮助他们建立良好的市场感觉，及时校正工作方向。

我们经常可以看到，有些企业由于用人不当，把那些只会说而不会做事的人提拔到重要的管理岗位上，造成企业内真正能干的人不能安心工作，甚至纷纷离职。最后，使企业自上而下形成一种说空话的作风，各级管理人员和工作人员也失去了工作的主动性、创造性和积极性。长此以往，等于抽掉了企业的灵魂和活力，最终将使企业亏损，甚至破产。

当然，人无完人，一个人只要具备了销售团队所需要的优点，即使他有其他缺点，也可为企业所选用。企业在用人过程中，要尽其所长，克其所短。企业在选用一个人时，主要是使他全力发挥自己的优点，至于他的缺点，只要不影响工作，不影响别人工作的积极性，就不要求全责备。

关键点提示

一级销售部门经理要做到以下四个方面：

1.理解职能；2.承担责任；3.激励团队；4.提供适当的指导和支持。

1.7　如何描绘销售团队的未来愿景

工作场景描述

当需要为销售团队描绘未来愿景，以振奋人心、增添动力时，可查看。

解读与分析

愿景就是销售团队的期望，愿景的存在能激励人，使人奋发向上。那么，团队领导者如何创造出具有吸引力的愿景呢？

1.建立积极对话

这一过程需要领导者和团队所有成员积极参与。为了使所有成员都能够从不同方面表达他们的观点，需要制订一种合适的交流和参与制度。

2.团队讨论共同愿景

让每个成员都来讨论个人及团队的抱负、期望、对实现目标的渴望、价值观以及他们所希望看到的团队未来的工作重点，并促使团队成员一起讨论对未来的共同看法，探讨新的发展领域。采用这样的方式，团队成员的个人责任感将发展成群体共同的信念。

3.分享讨论结果

树立愿景的过程本身也是促使团队成员之间互相沟通的一种途径。这是因为，每个成员受团队讨论的影响，将会重新考虑他们需要改进的地方，大家开始重新形成个人目标，确定适宜的行为方式，并且形成新的团队愿景。

4.拟订愿景宣言

不妨让团队管理人员以及成员代表制订愿景宣言的要点，这样可以增强他们在整个过程中的责任感。

5.发布愿景

愿景也许仅用一句话就能表达出来，但愿景的存在使得一个团队的发展具有连续性和使命感，因此领导者应该采取某些特定的方式向团队展示所确定的愿景。

6.告诉团队成员该如何实现愿景

协助团队成员了解他们的工作内容并区分愿景间有何关联，让每个成员都明白他们在实现愿景上要做什么贡献，确保一切工作都围绕实现愿景进行。

一个真正被团队成员认同的愿景，会一直激励着团队。

关键点提示

团队领导者创造具有吸引力的愿景的方法如下：

1.建立积极对话；2.团队讨论共同愿景；3.分享讨论结果；4.拟订愿景宣言；5.发布愿景；6.告诉团队成员该如何实现愿景。

1.8　如何确立销售团队目标

工作场景描述

当想要了解确立团队目标的程序时，可查看。

解读与分析

确立销售团队目标有以下几个程序。

1.列出符合SMART标准的目标项

SMART是设定团队目标的要素中明确性（Specific）、可度量性（Measurable）、可接受性（Accepted）、可行性（Realistic）、时限性（Timed）这五个英文单词首字母的组合。这几个要素是制订团队目标的核心要素，决定了团队目标的最终可实现性。

可以采取表格的方式把目标写下来。

2.列出实现目标所带来的好处

这种好处可以从组织的角度、团队的角度去想。首先，这些目标一旦实现，将会给企业带来哪些好处，让个人得到哪些提高；其次，完成这个目标会使团队成员以一种更加肯定的目光来看待团队，从而提升成员的积极性和信心。

3.列出可能出现的困难和所需资源

例如，目前团队成员还不具备某方面技能，如何解决？相应的解决办法是培训。又如，如果需要其他团队的介入，如何进行合作？相应的解决办法是跟团队成员沟通和找团队领导帮助协调。

4.列出所需要的合作团队与协作对象

考虑完成这个目标需要哪些人配合，团队领导需要做哪些事情，团队之外的那些人需要帮助团队做些什么，等等。例如，举办一个手机展会，首先应赢得政府有关部门对手机产品的支持，还需要新闻媒体在这方面做一些软性宣传，这些人都是必需的协作对象。

5.确定目标完成日期

对目标的完成确定明确的时限。

遵循上面所讲述的步骤可以帮助团队制订妥善、完备的目标，并带领团队走向成功。

关键点提示

确立销售团队目标的程序：

1.列出符合SMART标准的目标项。2.列出实现目标所带来的好处；3.列出可能出现的困难和所需资源；4.列出所需要的合作团队与协作对象；5.确定目标完成日期。

1.9 如何衡量销售团队目标

工作场景描述

当想结合SMART各要素制订出科学有效的销售团队目标时，可查看。

解读与分析

销售团队分别对SMART中的明确性、可度量性、可接受性、可行性和时限性这几个核心要素进行阐述，解释其中应该注意的问题。SMART是衡量团队目标是否科学有效的关键。

1.明确性

明确性是指要用具体清晰的语言阐述所要达成的行动标准。目标应简洁、可操作，并且集中在关键领域，避免模棱两可或没有将目标有效传达给整个团队。

2.可度量性

目标决不能随意制订，销售团队需要设定一组明确的数据，将其作为检查目标是否达成的依据。当然，并非每个目标都可度量，比如大方向性质的目标。

3.可接受性

除非成员认为目标与他们的利益息息相关，否则难以激发所有团队成员为目标全力付出。销售团队应该邀请成员共同制订目标，并征询大家对目标的意见，以达成共识，同时必须帮助每一个成员找出目标与自己利益的关联之处。

4.可行性

一个能令人接受的目标，必须要吸引人且有高度的可行性。销售团队必须分析内部和外部的客观环境，仔细研究实现目标所需要的条件，包括人力、硬件、技术、信息等各方面的资源状况，以制订出切实可行的目标。目标本身必须具有一定的挑战性，太高或太低的目标都会降低团队的士气。

5.时限性

团队成员必须清楚他们应在何时完成目标。目标完成的期限应该切合每个成员的具体情况。不要让目标的实现遥遥无期，应该尽量把时间缩短，采取更加实际、简短的步骤。除了特别例外的情况，绝对不能容忍团队成员忽视最后期限。此外，时间限制应该随外在环境的改变而有所调整，有时要做出若干改变，以适应新的情况。

一个好的团队目标基本上要符合上面所说的五个要求，简而言之，就是要符合SMART原则。

关键点提示

制订科学有效的销售团队目标时须遵循SMART目标准则，具体如下：

1.明确性；2.可度量性；3.可接受性；4.可行性；5.时限性。

1.10　如何让销售团队目标具备挑战性

工作场景描述

当针对员工及企业现有的能力，制订具有一定挑战性的销售团队目标时，可查看。

解读与分析

具有挑战性的目标，就是善用团队所有的潜力，激发所有成员的斗志，鼓励大家在可行的前提下超越眼前的条件限制的目标。通常，制订具有挑战性的目标时要注意以下几点。

1.考虑行业环境、竞争因素及市场状况

要避免出于激情制订超出团队能力的目标。无论何时，制订目标时都必须尽可能地考虑所有可能影响目标实现的潜在因素。

2.使目标得到认可

销售团队必须通过有效而广泛的沟通，争取团队成员对目标的认可。只要能够获得所有成员的认可，大家就愿意为目标竭尽全力。

3.融入有助于激发团队工作热情的要素

某些目标可能会因为措辞不当，对团队成员缺乏吸引力。这时，不妨将想象力与创造力融入其中，然后以充满激情的方式公之于众。例如，“将去年营业额提高两成”显然难以激发斗志与干劲，但如果改成“我们的目标是击垮两成障碍”，就具有挑战性和刺激性了。

4.制订高绩效标准

销售团队制订挑战性目标并不意味着盲目冒险，而是对整个团队的工作提出高标准，借以激发每个成员的最大潜能，达成看起来似乎无法达成的目标。

关键点提示

制订挑战性目标时要注意如下几点：

1.考虑行业环境、竞争因素、市场状况；2.使目标得到认可；3.融入有助于激发团队工作热情的要素；4.制订高绩效标准。

1.11 如何进行销售团队目标对话

工作场景描述

当要求全体成员普遍接纳所制订的销售团队目标，并赋予团队成员更多权利与责任时，可查看。

解读与分析

制订销售团队目标的过程不是讨价还价的过程，而是领导者和团队之间进行目标对话的过程。那么，怎样来进行团队目标对话呢?

1.必须充分了解对方的期望

领导者对未来目标抱有什么样的宏观设想?团队成员对未来目标是如何考虑的?双方应该共同探讨，以达成共识。

2.分析达成目标所需的资源和条件

领导者应当充分考虑通过什么途径和方式来达成目标。目标定得高并没有关系，如果资源和投入增加了，是有机会达成一个更高目标的。

3.寻求共同点

应当正视领导者和团队由于期望差异而产生的分歧。团队成员对实际工作的细节更清楚，也更了解具体困难，领导者要多多听取意见，但也不要被有意无意将困难夸大的成员所左右。领导者对团队的整体战略和资源整合仍应拥有最后决定权。

4.以积极的态度讨论目标

讨论目标的目的是确保整个团队都用一种积极向上的态度来验证这个目标。目标最终达成时每个人都会获得提升，都会获得荣誉感和成就感。

5.寻求团队的改进之道

不妨让团队成员通过接受培训来提升技能，领导者也可以通过不断反省，改变自身的领导观念来改进团队的工作。

目标对话应当是团队制订目标的过程中不可或缺的一部分。只有通过目标对话，才能让所有成员了解并接受团队目标，进而更加努力地参与到团队建设中来。

关键点提示

进行团队目标对话的方法有如下五点：

1.必须充分了解对方的期望；2.分析实现目标所需的资源和条件；3.寻求共同点；4.以积极的态度讨论目标；5.寻求团队的改进之道。

1.12 如何将销售团队目标转化为工作计划

工作场景描述

当销售团队为了完成所制订的团队目标而需要制订详细的工作计划时，可查看。

解读与分析

企业制订明确的销售团队目标后，接下来的工作就是将目标转化为具体的工作计划。使目标具体化的方法是把行动方案、时间表、完成人、所需资源、标准要求确定下来。这需从以下两个方面着手。

1.评估工作量以及所需资源

为了便于分析，先将工作分为可以度量的几个部分，然后分别考虑各个部分所需的时间，再确定各部分要取得的成果，从而得到一个完整的概念。

2.制订行动步骤

评估工作量之后，便可以用它来估算需要多少人才能完成这些工作。对于过量的工作，应该采取加班制或增加临时工作人员的方式，这样工作效率会大大提高。因此，销售经理应当在确立目标后制订详细且周全的团队工作计划。

关键点提示

将销售团队目标转化为工作计划可以从以下两方面着手：

1.评估工作量以及所需资源；2.制订行动步骤。

1.13　如何对销售团队目标进行有效控制

> 工作场景描述
>
> 当为了保证销售团队目标最终达成，需要建立有效的执行监控机制时，可查看。

解读与分析

有了目标还不够，销售团队还要建立一套目标控制系统，以确保目标最终达成。建立目标控制系统有以下几个措施。

1.建立目标控制单元

建立并实施正规、健全的目标审核制度，应设立一个小组或委员会负责审核目标及进度，应当把目标、计划的执行分解为不同的单元（部分），这样才能有效地进行控制。

2.设立时间表和检查机制

销售团队可以制作“目标进度牌”，也可以用其他方式，随时公布目标进展情况。在目标达成过程中，要经常让团队的每一个小组和每一名成员都知道目标进展情况。

3.获取团队成员的反馈

提倡领导者与团队成员坦诚地交换意见，鼓励团队成员提出各种有建设性的建议，探讨什么地方有待改进以及如何改进。

4.随时纠偏

在团队达成目标期间，当情况发生重大变化时，应及时修正目标。例如，一个团队常因外部经济形势发生变化，不得不修正目标。在这种情况下，如果不对目标进行修正，目标便会与实际情形相差越来越大，最终导致团队无法达成目标。

控制系统建立后，领导者和团队成员就可以把正在进行的工作跟原来的期望进行对比，根据情况来修订目标。必要时，要对人员、资源、时间等进行重新组织或调整。

关键点提示

建立目标控制系统的措施有以下四点：

1.建立目标控制单元；2.设立时间表和检查机制；3.获取团队成员的反馈；4.随时纠偏。

1.14 如何召开销售团队任务的讲解会议

工作场景描述

当需要向销售团队成员传达工作进展并分配任务时，可查看。

解读与分析

销售团队任务讲解会议的内容，通常应当包括以下几个方面。

1.进展情况

销售经理向团队成员公布工作业绩，看他们是否达成上次制订的目标，与其他团队或者竞争对手相比表现如何，有没有值得指出的成功或失败之处。

2.制度变动

这部分包含培训、福利待遇等方面制度变动的信息。

3.人员状况

包括新来的成员、要离开的成员等人员方面的信息。

4.行动指南

行动指南即必须遵守的团队措施、合理化建议等日常信息。

关键点提示

销售团队任务讲解会议的内容包括以下四点：

1.进展情况；2.制度变动；3.人员状况；4.行动指南。

1.15　如何确立销售团队的价值观

工作场景描述

在销售团队组建初期，为了促使团队成员紧密配合，销售团队需要确立共同的价值观时，可查看。

解读与分析

团队价值观可以解释为一种团队信仰，对所有成员都十分重要。团队的核心问题是如何建立正确的价值观。通常树立团队价值观需要遵循一些合理而又连续的程序，这些程序如下。

①从团队成员的价值观入手，询问每一个成员在他心目中什么最重要，然后把答案记录下来。

②用表格列出所有成员的价值观，与大家一起讨论。

③找出每个成员都认可的项目，然后用表格把这些项目一一列出来。

④回顾一下每个人最初提出的价值观，将两者进行比较，看看哪些观点能被多数团队成员接受和采纳。

⑤传达企业的价值观，但应避免强迫团队成员去接受，或强烈暗示团队成员去顺从。应对照团队大多数成员的价值观与企业的价值观。

⑥找出团队成员、团队、企业三种价值观中相一致的核心部分。

⑦确定团队价值观，帮助成员接受并最终认可团队、企业的价值观。

⑧确立团队价值观后，销售团队可将价值观张贴在布告栏或其他容易看到的地方。团队价值观能够激发团队的向心力，一旦确立，通常不会再做改变，否则，将会延长团队的建设过程。此外，销售团队还应该将价值观贯彻到每一天的工作中去。

关键点提示

确立销售团队价值观的程序有以下三点：

1.征求团队所有人的意见并寻找其共同之处；2.对照团队成员、团队、企业三种价值观；3.确立核心价值观标准。

1.16 如何确立销售团队的行为规范标准

工作场景描述

当销售团队组建初期，需要制订统一的行为标准，以规范成员的行为方式时，可查看。

解读与分析

行为规范标准规定了工作中与他人相处时必须遵守的事项，为建立正常和谐的团队内部关系奠定了坚实的基础。确定团队行为规范标准的实际操作如下。

①集思广益，请全体成员参与讨论，并进行广泛交流，欢迎所有成员发表意见。

②详细讨论每一项标准，阐明其对团队工作可能造成的影响。

③收集所有得到一致通过的、有益于团队的项目，记录并保存。

④仔细检查是否有遗漏。例如，是否有关于会议议程的标准以及关于团队决策和处理意见分歧的标准。

⑤获得团队行为规范标准的承诺，将其抄下来或打印出来，请团队成员在上面签名确认，把确认后的标准张贴在团队开会的地方，这样既可以表明个人对团队的承诺，又

可以让大家互相监督。

⑥注意补充新的行为规范标准。督促成员按照行为规范标准约束自己言行的同时，团队也务必注意去创建新的行为标准。同样，新的标准也要获得大家一致同意并有助于团队高效和谐地开展工作。

⑦定期讨论团队行为标准，并按要求反馈与评估行为标准是否有效。如有必要，可对既定标准做适当修改。

行为规范标准的篇幅长短无关紧要，重要的是内容以及它对团队进步的影响。拥有完善的行为规范标准是团队成功的必备条件。

关键点提示

确立销售团队的行为规范标准有以下三点：

1.获得大多数成员的意见；2.确立标准并获得一致承诺；3.评估并补充行为标准。

1.17　如何确立销售团队的工作标准

工作场景描述

当销售团队组建初期，考虑各成员的工作风格，需要制订统一的工作标准时，可查看。

解读与分析

因工作风格的不同而产生的冲突，在团队中屡见不鲜，成功团队的有效做法之一就是确立统一的工作标准。确立销售团队工作标准的方法如下。

1. 保持统一的标准

平衡所有工作，不要让一些团队成员做非常困难的工作，另一些做非常简单的工作。否则，团队成员会抵触困难的工作。平衡工作内容后，要让每个成员都遵守同样的标准，对工作速度慢或者缺乏技能的团队成员，不能降低其工作要求，否则可能会造成其他团队成员的不满。

2. 进行工作轮换

团队应该采用一种积极的工作轮换制度。工作轮换通常发生在不同类型的工作之间，这有助于在令人愉快和令人不快的工作间达到平衡，并给每个人更多的机会。

3. 通过训练鼓励团队尊重所有成员的工作风格

多数团队允许不同的工作风格存在，但也必须尽可能避免由此带来的冲突。团队应当让团队成员明白：即使制订了相当完善的工作标准，也可以采用不同的方法、途径来解决问题。

团队成员按照合适的工作标准来约束自身行为，可以使团队保持较高的工作效率，而且可以培养积极向上的团队气氛。如何做好这一点，在理论上是简单的，但执行起来是困难的，这要求在工作中不断进行“实践，总结，再实践”。

关键点提示

确立销售团队的工作标准的方法有以下三种：

1.确立并保持统一标准；2.实行工作轮换制度；3.尊重所有成员的工作风格。

第2章

销售人员招聘常见问题

销售团队就是企业内从事销售工作的组织，它是囊括了人、事、产品、信息、资金的有机结合体，通过协调统一的行动来完成企业既定的销售目标。招聘合适的销售人员是建立销售团队战略规划的重要内容。在日趋激烈的竞争环境中，企业建立完善的销售网络系统，保证畅通高效的销售渠道，可以有力地配合整体销售活动，为企业的发展提供强有力的支撑。而选择适当的销售人员进入团队，则决定了团队的工作能力和工作潜力。销售团队成员是一切活动能有效开展的基础因素。

2.1 如何确立甄选销售团队成员的原则

工作场景描述

当企业要确立甄选销售团队成员的原则时，可查看。

解读与分析

销售人员的甄选是管理销售团队的龙头环节，把这个重点把握好，后面的事情就好办了；如果人员选错了，后面的环节就没法进行有效的控制。一般说来，企业可以遵循“四符合原则”来对销售团队成员进行甄选。

1.经历符合原则

应聘者的工作经历一定要和相应的岗位相吻合，尤其是以效能为导向的销售模式。例如从事大型系统、设备等的销售工作，对工作经历的要求比较严格。如果招来的人没有相应的工作经历，就很难了解和掌握一个系统或设备的整个销售过程，要取得好的业绩就需要相当长时间的磨合，而企业一般不可能有太长的时间让销售人员来适应工作岗位，所以经历符合这点很重要。

当然，经历符合原则对于招聘不同层次的销售人员有不同的要求，不能机械地生搬硬套，最重要的是要找有合适思维方式的人。素质比知识更重要，思想比经验更重要，技术可以培养，态度很难改造。对于经历符合原则，可以在必要时进行适当的调整。

2.发展阶段符合原则

企业一般分为三个阶段：成长期、成熟期、衰老期。如何针对企业的不同阶段选择合适的销售人员是关乎销售团队业绩的重要因素。

（1）成长期：企业以求生存为主，能接受任何理念，愿尝试各种方案。这时期创建的销售团队，不要求销售人员具有多少系统知识，只要具备足够的冲劲和充沛的热情，能适应企业“闪电战”的策略即可。另外，对刚从学校出来的学生，可能面试时表现很好，但真正做销售时又干不好。这时候不要着急，要给他一些时间，同时还要多给他鼓励。

（2）成熟期：企业具备一定的竞争优势，有一定的资本，此时比较重视资历。这时候对销售团队的建设，要求销售人员有很强的上进心，不过分注重现实收益，从长远利益上愿意伴随企业共同成长。

（3）衰老期：和成长期一样，企业有很强的生存要求。这个阶段的企业经历过很多的实战，有新办企业所不具有的宝贵经验，其对销售团队的建设方面有很大的期望，对销售人员的要求以具备成熟经验的销售高手为主。

所以，企业根据自身的特点，寻求与之相适应的人员进入销售团队是很重要的。

3.期望符合原则

销售人员都在期望两点：一是个人获得的收入能达到什么高度；另一个是企业能给予多少发展空间。同样，企业对销售人员也抱有期望，期望员工在自己的岗位上能做出优秀成绩。因此，在招聘销售人员的过程中，一定要谨慎考虑双方的期望，尽量不要迁就。

4.个性符合原则

个性符合，就是要求销售人员的性格和所销售产品尽可能切合。例如，对“高精尖”的电子产品的销售，要求销售人员具备一定的闯劲。而对于传统生活日用品的销售，则要求销售人员沉稳平和且思维缜密。

销售工作要“以人为本”，因此对销售人员的选择必须满足“适合、适用”的原则，切不可随意接受，同时还要遵循一定的商业道德和相关规则。

关键点提示

选择合适的人选进入销售团队，应遵循以下四个原则：

1.经历符合原则；2.发展阶段符合原则；3.期望符合原则；4.个性符合原则。

2.2　如何确定招聘销售人员的时机

工作场景描述

当企业需要确定招聘销售人员的时机时，可查看。

解读与分析

销售人员的招聘不同于其他行业的招聘，尤其在时机的选择上。一般来说，以下三个时机是比较好的招聘销售人员的时机。

1.销售淡季

在销售淡季，企业可以仔细地审核销售人员的各项条件，保证招聘到合适的人员。

2.高校毕业生就业前夕

企业要想招聘高校毕业生进入销售团队，则高校毕业生就业前夕的各种洽谈会是较好的时机。

3.大型销售活动前一星期

如果团队要搞大型销售活动，而所需的部分人员只要临时工即可，则在大型销售活动前一星期招聘是比较明智的。若招聘得太早，企业就要承担这些临时工的费用；若招聘得太晚，又会导致培训不足。

总之，销售人员的招聘时机是比较灵活的，但需要把握好一个较好的时机进行招聘。销售团队不应在工作进行得如火如荼的时候再开展招聘工作，也不应该过早招聘，以免造成资源浪费。

关键点提示

确定招聘新销售人员的时机应把握以下三点：

1.销售淡季；2.高校毕业生就业前夕；3.大型销售活动前一星期。

2.3 如何制订销售团队招聘计划

工作场景描述

当需要制订销售团队招聘计划时，可查看。

解读与分析

一份好的招聘计划可能会为企业引来大量的人才，而差的招聘计划非但不能吸引人才，还可能对企业的发展造成阻碍。因此，企业在制订招聘计划时，应考虑以下原则。

1.招聘计划不应夸大

部分管理人员认为，适当地夸大招聘计划会吸引更多的应聘者，但实践告诉我们，这种做法是错误的。一旦应聘者了解了招聘真相，就可能会发表不满的言论，这对企业的长远发展是相当不利的。值得注意的是，指望通过招聘新销售员一举解决面临的销售困难，是一种不成熟的想法。

2.对招聘职能描述要清楚

销售是要求经历为先的一种活动，而所有的销售经历又都是相似的。因此，对招聘职能的描述有多清楚，招聘时可供把握的灵活度就有多大。

3.详细列出招聘人数、条件、职位等要求

招聘计划中应详细列出招聘人数、条件、职位等要求，不要“到时候根据情况决定”。计划越详尽，临场应对选择的余地就越大。

4.对企业的情况进行如实宣传

为了吸引应聘者而在制订招聘计划时回避关于企业的敏感问题是不明智的。在实际的招聘工作中，一旦这些问题暴露出来，就会对企业造成不利的影响。

5.制订符合法律和程序要求的招聘计划

招聘计划一定要按照法定程序设计，千万不要试图摆脱法律的约束。所有的纠纷都证明，不受法律保护的协议对当事人都是不利的。

6.时间安排要妥当

是周末还是暑期举办招聘活动，安排上午还是下午，这些都是值得思考的问题。对一次成功的招聘而言，事前的计划远比事后的补救重要。

企业应该知道，在制订招聘计划时，应聘者可能也在研究企业的情况。遵循上面的原则，实际上是对双方负责的做法。

关键点提示

企业制订招聘计划可遵循以下六个原则：

1.招聘计划不应夸大；2.对招聘职能描述要清楚；3.详细列出招聘人数、条件、职位等要求；4.对企业的情况进行如实宣传；5.制订符合法律和程序要求的招聘计划；6.时间安排要妥当。

2.4　如何利用职业人脉寻找销售人员

工作场景描述

当企业要利用职业人脉寻找销售人员时，可查看。

解读与分析

许多企业会利用职业人脉来获得所需要的人才。可能有人认为，这类经过他人介绍来的求职者，多为能力一般而不易找到工作的人。但是如果企业有详细的职位说明，并让专业顾问帮助选择，就能使招聘工作简单化，也能让企业更快找到合适的人选。这方面可以细化为以下几点。

1.内部职工荐举

“举贤不避亲”是古代选贤的原则，也被现代人所认同。在一个员工的交往圈子里，往往有很多同行的朋友。如果鼓励内部员工荐举，也许会有意外收获，得到人才，从而省却了挖人的麻烦。但采取此项办法一定要遵守职业规范，不要引起其他企业的异议。

2.行业协会

加入行业协会既能接触各类人员，也能对企业内部情况比较了解。企业可通过行业协会的介绍或推荐而获得希望转职的优秀人才信息。但这种方式一般不能保证招聘时间和人数。

3.业务接触

销售团队在开展业务工作的过程中会接触各类人员，这些人都可能成为销售团队所需的人才。当然，这就要求团队领导一定要有一双善于发现的眼睛。

利用职业人脉招聘有一些显而易见的优点，例如求职人员的业务经验一般都比较多，但其也有缺点，例如面子问题等。当然，若能很好地处理这些问题，利用职业人脉招聘仍不失为一种省时省力的招聘方式。

关键点提示

利用职业人脉寻找销售人员有以下三种途径：

1.内部职工荐举；2.行业协会；3.业务接触。

2.5 如何通过广告招聘销售人员

工作场景描述

当企业想通过广告招聘销售人员时，可查看。

解读与分析

利用广告也是一种不错的招聘方式。但随着社会的多样化，广告的形式也越来越多，按照传播途径的不同，广告大致有如下分类。

1.普通报刊广告

这类广告载登在普通报刊上，它以其发行量大而吸引众多的应聘者。

2.专业招聘广告

这类广告一般能取得较好的效果，也能招到较高级的管理人才，但信息投放周期一般比较长。

3.电视广告

电视广告受众广，效果好。大中型企业或前景特别诱人的企业可利用这个途径招聘优秀人才。当然，利用电视广告招聘费用较高，要求企业具备一定的资金实力。

4.人才招聘网站、App广告

这是目前普遍的招聘渠道。随着互联网的发展和普及，网络招聘越来越被人们看好。招聘部门可在网站上发布招聘信息，吸引相关人员应聘。同时，很多App和微信公众号也是企业发布招聘广告的途径。

广告招聘是最常用的招聘方式，广告和现代科技的完美结合更使其效果斐然。所以，运用好广告招聘方式，选择适当的媒体，以及选择适当的广告时段，广告招聘就会取得非常好的效果。

关键点提示

通过广告招聘销售人员可以利用下面几种形式：

1.普通报刊广告；2.专业招聘广告；3.电视广告；4.人才招聘网站、App广告。

2.6　如何通过与猎头合作招聘销售人员

工作场景描述

当企业想通过与猎头合作招聘销售人员时，可查看。

解读与分析

专业猎头咨询事务所致力于为企业提供科学的、全面的人力资源顾问服务，其业务范围包括猎头服务、人力资源管理咨询、人事测量、人才测评、个人职业发展咨询和培训等几个方面。企业通过与猎头机构合作招聘销售人员，可以从以下四个方面着手。

1.利用人力资源顾问

猎头咨询事务所一般会由拥有多年职业猎头经验的人担任人力资源顾问，能够做到对所委托职位的准确定位及对候选人的快速寻访，同时具备科学的有效评估经验，能与企业的需求良好配合并跟进。

2.利用追踪服务

专业猎头咨询事务所一般都提供永久追踪服务，可以为人才施展才能创造良好的机遇。

3.利用人事测量系统软件

专业猎头咨询事务所可以利用全面科学的人事系统软件，确保更加客观、可靠、有效地识别人才。企业拥有人力资源管理专家、心理学专家及企业管理顾问的支持，既保证了组织人事决策的准确性和高效率，又为企业发展聘用人才提供了更科学的理论依据。

4.利用数据库

专业猎头咨询事务所大都建立了面向国内外的人才、技术和信息的数据库，可以联合有关单位开展国际人才交流、国际技术和劳务合作等业务。

在世界经济和科技发展日益全球化的今天，企业的经营资源也发生了根本性的变化。人才作为企业经营过程中最首要的因素，是企业创造力和发展的根本所在。市场竞争实际上演变成了一场激烈的人才竞争，而专业猎头咨询事务所就是这场竞争中的关键角色之一，能否对其善加利用会直接影响销售团队的工作。

关键点提示

企业通过与猎头合作招聘销售人员可以从以下四个方面着手：

1.利用人力资源顾问；2.利用追踪服务；3.利用人事测量系统软件；4.利用数据库。

2.7　如何通过招聘会招聘销售人员

工作场景描述

当企业通过招聘会招聘销售人员时，可查看。

解读与分析

通过招聘会招聘销售人员是企业常用的招聘方式之一，一般可以根据举办方的不同将招聘会分为下面两类。

1.大中专院校及职业技术学校的招聘会

这是招收应届毕业生的主要途径。各类大中专院校能提供高中级专业销售（管理）人才，职业技术学校能提供初级技工人才，从中，企业可以遴选到符合要求的销售人才。

2.人才交流会

每月甚至每星期，不同的城市都会举办专业性或综合性的人才交流会。用人单位可在人才交流会上招聘企业所需的销售人员及其他人才。这种途径耗时短、见效快，可接触到不同经历的各种人才。

在现在的销售行业中，基层销售人员的心态普遍较为浮躁，为此在人员的招聘过程中，企业应坚持“可塑性”用人原则。一个优秀的人事主管，在选人的时候应该注重“可塑性”，而不是更多地关注其是否曾经从事过类似的工作，是否有销售经验。有丰富销售经验的人较为自负，往往难以管理；而具有“可塑性”的人未必有从业经验，但其能虚心学习，往往能做出令人满意的业绩。

关键点提示

企业通过招聘会招聘销售人员有以下两条途径：

1.大中专院校及职业技术学校的招聘会；2.人才交流会。

2.8 如何通过网络招聘销售人员

工作场景描述

当企业通过网络招聘销售人员时，可查看。

解读与分析

随着现代信息技术的发展，网络招聘已变得越来越普遍，但是，由于销售人才具有一定的特殊性，因此在人才引进问题上，提倡销售部门的经理与企业人事部门联手把关，以确保人才引进工作的质量。具体而言，需要注意以下几个方面。

1.制订招聘广告内容

人才引进的标准。一般来说，只有一流的人才才会创造一流的销售业绩，因此有不少企业家主张“人才引进最优论”，着力引进德才兼备的高级人才。但也有一些企业家，例如，日本大企业家松下幸之助就主张企业应该更多地选用中上等人才，即“70%求才法”。在他看来，顶尖的人才自负心强，不能安心工作，而平庸的人才又会成为企业的累赘，只有中上等人才，才能踏踏实实地工作，并忠于企业。上述两种标准虽有差别，但都十分看重人才的品德素质。企业应该在招聘之前分析自身需求，并在网络招聘要求中明确提出企业的人才标准。

资历要求。吸收有经验的销售人才可以解决企业的燃眉之急，然而值得注意的是，这类人才对企业的忠诚程度总是令人担忧，而且他们的贡献也可能与企业的付出不相匹配。基于此，一些企业开始注重更加长远的战略，即注重吸收新人加入销售团队。近年来，一些企业开始大量招收大学生充实到销售第一线，不仅提高了销售团队的整体素质，也使企业销售团队的稳定有了可靠的保障。在用人的资历要求方面，由于网络受众的广泛性，企业更应该在招聘内容中明确提出。

联系方式。在招聘内容中，企业应提供恰当的联系方式，有些没有自己网站（邮箱）的企业，在发布网络招聘广告前匆匆注册网站（邮箱），但当应聘者将简历发布到这些网站（邮箱）后，却长期没有人处理，使应聘者对企业产生负面印象，这是网络招聘时要注意避免的。

时间限制。制订招聘广告内容的最后一个要点是时间限制。招聘活动结束后，发布在网上的招聘信息没有被及时删除，所以企业在招聘人员应注明招聘的时间限制，以免耽误应聘者和企业双方的时间。

2.选择网络平台

企业根据所需人员的多少、人员的素质等要求进行分析，然后选择适当的网络平台进行网络招聘。例如，企业要招聘在校学生，可以将招聘广告发布在某个学校的网站上，也可以缩小范围发布到某个院系的网络社区或者封闭式互动平台上。如果要招聘专业的销售精英，可以将招聘广告发布在某些猎头公司的网页上。

3.注意区域性问题

现代企业通常都不同程度地带有鲜明的地域色彩，因此，企业在选用人才时，可能偏重于招收本地区的人才，认为本地区的人才可靠，外地的人才容易流动。但随着企业的发展，必须打破这种保守的观念，尽早确立全方位的人才引进政策，尤其是对销售人才的录用，要本着市场化的原则，适应企业市场拓展的需要。另外，由于网络的无地域性，更应该在招聘中注明地域范围，以避免跨省、跨国的应聘现象出现。

网络是一种泛区域、泛对象的传播媒介。进行网络招聘时，企业更要注意对细节性要求的说明，力争让虚拟的网络招聘变得实实在在。

关键点提示

通过网络招聘销售人员要注意以下三个问题：

1.制订招聘广告内容；2.选择网络平台；3.注意区域性问题。

2.9 如何确定效能型销售人员的招聘条件

工作场景描述

当企业要确定效能型销售人员的招聘条件时，可查看。

解读与分析

由于销售工作需要面对形形色色的人，可能会碰到种种困难阻碍，所以销售人员必须拥有良好的心理素质，自信心强，面对挫折不低头，坚忍不拔，有毅力，能持之以恒地做事。对于这种效能型销售人员的选择，企业还要注意以下五个条件。

1.“聪明”，社会化程度高

效能型销售模式首先要求销售人员要“聪明”。这里所谓的“聪明”，是指销售人员应该有一种潜质。这种潜质的表现就是销售人员在接触客户的过程中，第一反应是客户怎么想。首先想到客户在这种情况下是怎么想的，这就是“聪明人”的表现。而“不聪明”的人，只知道自己怎么想，没有设身处地地从客户的角度考虑问题。

2.有社会关系和相关背景

效能型销售模式要求销售人员最好有一定的社会关系和相关背景。在进行大的系统设备销售时，如果有社会关系或相关背景，会对销售工作产生相当强大的推动力。例如高端企业客户这个圈子，一般可以通过三种途径进去：一个是销售人员本身有关系、有背景，直接就可以进去；一个是企业有很强的品牌影响力，可以把目标客户“拉”过来；还有一个就是销售人员真正拥有优秀的社会活动能力，能够通过自己的努力融进去。显然，如果销售人员有相关的关系和背景，就可以非常方便、快速地接触核心决策层，对于企业的成长大有帮助。

3.人际交往能力强

判断一个销售人员人际交往能力的强弱，可以从三个方面考虑。

（1）是不是细心。一个人际交往能力强的人，会记住很多点点滴滴的细节。他能够记住客户，尤其是关键客户的细节，能够从各种细节上很快判断与其接触的客户的角色和分量。

（2）会不会说话。尤其是他在不同的场合，是否能够在不损害对方利益的前提下阐述自己的观点，而且说得非常到位。如果说了一句话，旁边的三个人中只有一个人听了觉得顺耳，另外两个人听了觉得恼火，那就说明其语言表达能力有欠缺，人际交往能力较弱。

（3）做小事是否到位。如果他不仅能记住细节性的东西，同时对小事的处理也很到位，那么他肯定是一个人际交往能力非常强的人。

4.专业水平高

以效能为导向的销售所涉及的产品或者服务，对专业的要求都很高，因此企业在招聘销售员时，应该有一定的专业要求。例如，进行大型系统设备的销售，销售队伍就不能招收财务或者其他专业的人员，而应招收学习计算机硬件或者与计算机应用专业相关的人员，因为一个人的知识体系不是短时间内就能构建的。

5.有较长的销售经历

对于所谓的“较长”，这里提供一个参考意见：建议企业在构建效能型销售队伍的时候，选择那些至少有一年半销售经历的人员。因为在一年半的销售工作中，该经历的基本上都经历了，该见的世面也差不多都见过了，也就是说，已经在别的企业锻炼过了，或者说已经拿以前企业的客户“练手”了。这类人被招过来之后，能迅速上岗。

选择正确的人，还需要注意这样一件事：销售人员的销售才能是天生的，即有些人天生适合做销售；而有些人即使经过系统、全面的培训，也很难全面融入销售领域，这些人天生不适合做销售；要想选择合适的效能型销售人员，企业人力资源部门、销售管理部门需要共同合作，最终挑选出有潜质、可塑性强的人成为效能型销售人员，这就需要企业建立一套完善的选人机制。

关键点提示

确定效能型销售人员的应聘条件应包括以下五点：

1."聪明"，社会化程度高；2.有社会关系和相关背景；3.人际交往能力强；4.专业水平高；5.有较长的销售经历。

2.10 如何确定效率型销售人员的招聘条件

工作场景描述

当企业要确定效率型销售人员的招聘条件时，可查看。

解读与分析

在选择和招聘效率型销售人员时，往往认为有销售经验、聪明、口才好的人就一定能干好。其实这种理解是片面的，只按照这个标准去选人，有可能会导致招聘效果不理想。需要从以下几个方面去选择效率型销售人员。

1.吃苦耐劳，团结自律

效率型销售模式对销售人员的第一个要求就是能够吃苦耐劳、团结自律。因为效率型销售人员的终极目标就是追求尽可能高的销售额，所以就必须要能克服各种困难，能吃苦，而且在这种竞争中销售人员不能损人利己，要能团结自律。

2.服从管理，团队归属感强

效率型销售人员一定要服从管理，并且要有很强的团队归属感。这就要求销售人员做到：在平时的工作中可以有自己的想法，但是当个人想法与团队的要求不一致时，个人必须服从团队。只有个人与团队保持方向一致，才能形成最大合力，最终对个人和团队都有利。

3.爱学习，可塑性强

销售人员一定要爱学习，要具备相当强的可塑性。对于以效率为导向的销售模式，销售人员脑子里固有的东西越少越好。“一张白纸”的状态是最好管理的，同时“上道”比较快，也容易出业绩。相反，固有的框架越多，所受的束缚就越大，销售人员的精神压力也就越大，反而不利于在这种销售模式下取得成功。

4.有一定的专业基础

销售人员要具备一定的专业基础，但是这个要求不是特别高。一般而言，以效率为导向的销售模式，其承载的产品或服务都是大众化的东西，技术含量不是很高，相对来说比较简单，所以对专业的要求不是特别高，销售人员只要具有一定的专业理论基础就可以了。

5.有一定的销售经历

要具备一定的销售经历，但是这个要求也不是特别高。建议招收具有一年半以内的销售经历的人员从事效率型销售工作。因为进入一个行业的时间长了，有些人就会“挑肥拣瘦”——专挑好项目做而不太愿意做“油水少”的项目。反之，进入行业时间不长的销售人员，还处在摸索成长的阶段，只要项目中有新奇的环境和成长的空间，他们就愿意去做。所以说，招收效率型销售人员时，其销售经历以不超过一年半为宜。

效率型销售人员是销售团队的主干，企业对他们的招聘，更多的时候还要结合团队的工作特点来制订一些特别的要求。如果能达到这些特别的要求，则这个效率型销售人员一定会在将来的工作中大有所为。

关键点提示

确定效率型销售人员的应聘条件要考察以下五个方面：

1.吃苦耐劳，团结自律；2.服从管理，团队归属感强；3.爱学习，可塑性强；4.有一定的专业基础；5.有一定的销售经历。

2.11 如何从海量简历中初选销售应聘者

工作场景描述

当企业想从海量的简历中初选销售应聘者时，可查看。

解读与分析

判断人不可全凭感觉和经验，要有一套科学的测评方法。企业在招聘销售人员过程中，如果仅凭招聘者的主观感受和经验来选人才，往往会形成以招聘者自己为参照系和评选标准的局面，尤其是当应聘人数较多的时候，更难找出合适的人选。为此，需要在筛选简历时着重关注以下三个方面，以快速确定初选者。

1.行业知识

这里的行业知识是指应聘者对潜在客户所在行业与购买产品之间的关系方面的知识，还包括对客户所在行业的关注。企业从简历中了解了应聘者对行业知识的掌握情况，就可以很轻松地知道他的工作潜力。

2.考察执行力

好的销售人员首先要有执行力，执行力强的销售员更容易取得成功。在收取简历前，企业可要求应聘者模拟拜访客户，然后填写拜访回馈表，并夹进简历。这样，企业就可以从其填写的内容中发现其思维的优点和缺点，以便进一步确定其执行力的强弱。

3.选择“空白人”

一般在看简历时，不要求销售人员有多强的业务能力，更多的时候都是招一些“空白人”，就是什么业务都没有做过的人。这些人都是从零干起，很容易和企业一条心，而且能很明确地知道自己想要什么，企业能给自己什么。当新销售人员入职后，企业会从做人、业务技能、企业情况、产品特点等方面对其进行统一的培训，一般历时半个月。企业中的资深销售人员要做好“传、帮、带、教”的作用，尽快把新销售人员培养起来。

随着国内对人才需求的逐渐饱和，已慢慢出现由招不到人才发展为人才找不到工作的情况。从庞大的应聘队伍中选出合适的人选确实是件不容易的事，所以，提升初选的准确度是很重要的工作。

关键点提示

从海量的简历中初选应聘者要考察以下三个方面：

1.行业知识；2.考察执行力；3.选择“空白人”。

2.12　如何面试应聘的销售人员

工作场景描述

当销售经理想高效率面试销售人员而不愿漏掉优秀人才时，可查看。

解读与分析

作为销售经理，在面试应聘者时，肯定要想方设法了解其相关情况，然后才能做出判断。那么，在面试过程中如何掌握应聘者的信息呢？一般而言，销售经理在面试过程中经常要询问工作经历、行业了解、个性特点、工作习惯、销售观念和自我发展六类典型问题。弄清楚这六类问题后，企业对应聘者就能够有一个比较全面的了解。如果能够运用相应的测试手段来检验这六类问题，并比较应聘者与岗位要求的匹配程度，就可以更加准确地判断一个应聘者是否适合销售这个岗位了。

为解决这几个问题，一般而言，销售经理可以采用下面的方法。

1.听应聘者自我介绍

这是企业主要的了解应聘者的渠道。应聘者作自我介绍时，销售经理应认真聆听，同时可以适当注意应聘者的表情、眼神。

2.交谈

适当地互动交谈。在轻松的环境中，销售经理引导应聘者表露心迹，同时也将企业的情况介绍给应聘者，以诚取信，以实感人。

3.提问

顺势而下，变交谈为提问，掌握面试的主动权。提问一般可分为以下几种方式。需要注意的是，在实践中，这几种方式可以单独使用，也可交叉使用，为避免单调，交叉使用效果会更好。

（1）非正式提问。声明提问不代表企业，或只从自己的角度发问，都属于非正式提问。

（2）导向式提问。面试一般采用的标准问题，属常规性方式。导向式提问朝着某个主题，但不由提问者点破，只是连环提问，环环相扣，一步步引导应聘者接近主题。

（3）流水式提问。一问接一问，由面试者提前准备好问题，面试时依次提出，由应聘者来一一作答，从而达到了解应聘者的目的。

4.测试

如果提问通过，一般可安排测试。测试可以包括很多内容，也可以采取很多种形式，可供应聘者发挥和想象的余地很大。测试通常可作为招聘工作的重要依据来决定应聘者的去留，主要包括以下五种类型。

（1）专业知识测试。即对应聘者的销售理论知识进行测试。

（2）心理素质测试。销售活动是以人为主的活动，处处牵扯人的因素，因而心理素质是相当重要的一个方面。通过测试，可以了解应聘者的心理承受能力是否过关。

（3）环境模拟测试。假设情景，测试应聘者的临场发挥能力。

（4）智力测试和态度测试。这类测试通常会因为文化偏见而遭到批评，使用时要把握好尺度。

（5）综合测试。通过一定的方案，对专业知识、心理素质等多种应试环节进行全面的考核，能对应聘者能力得出更为全面、准确的评价。

为了了解一个应聘者的品行，在面试前，销售经理需要做很多准备工作，在面试中也可以从多个方面来判断一个应聘者的品行。比如他的工作经历，对一些问题的看法，以往与客户、同事的关系怎样，他在寻求自身事业发展的过程中，是对企业考虑得多一些，还是考虑自己的得失多一些。有的应聘者来面试，问他一个问题，他明明不懂却装懂；有的应聘者为了达到某种目的，会隐瞒一些事情。因此销售经理只有做足充分的准备，才能为企业招聘到合适的人才。

关键点提示

做好面试工作应注意的主要环节有以下四点：

1.听应聘者自我介绍；2.交谈；3.提问；4.测试。

2.13 如何评价销售应聘者的气质和无形因素

工作场景描述

当评价销售应聘者的气质和无形因素时，可查看。

解读与分析

目前，人力资源管理专家已经总结出了一些可用于对不同职业的应聘者进行素质、能力和潜力测评的方法。通过这些方法，企业可以客观、准确地对被测评者的气质和无形因素做出评价。

1.心理素质和心理承受能力测试

一名优秀的销售员在困难、挫折和失败面前能始终保持情绪的稳定。在同客户谈判陷入僵局时仍能谈笑风生、应对自如；在客户的诱惑面前能保持平稳的心态，坦然拒绝；甚至在被客户藐视时仍能保持冷静；等等。所有这些良好的心态都来自良好的心理素质和较强的心理承受能力，企业可以从心理素质和心理承受能力测试来对应聘者进行评价、考察。

2.发展潜力测试

具有一定的销售经验固然重要，具有较强的可塑性和较大的发展潜力更重要。因为应聘者一开始并不是什么都知道、什么都懂得的，那些经过有效培训迅速成长为优秀销售人员的人会更有前途，这方面可以借助发展潜力测试来进行评价。

3.忠诚度测试

竞争对手总是想方设法渗透进你的市场，拉拢和收编你的销售队伍。企业文化无法也根本不可能完全感化某些对企业没有足够忠诚度的员工。面对竞争对手的诱惑，企业的销售队伍可能面临分化和解体的风险。所以，对企业是否具有足够的忠诚度是企业选拔销售员的重要标准。这方面企业可以借助忠诚度测试来进行评价。

要客观评价应聘者的气质和无形因素是比较麻烦的一件事，对想重点考察的应聘者，必须请这方面的专家来协助处理；对于一般的应聘者，则有经验的招聘人员就可以初步做出评价。

关键点提示

评价应聘者的气质和无形因素可以通过以下三种方式测试：

1.心理素质和心理承受能力测试；2.发展潜力测试；3.忠诚度测试。

2.14 如何对销售应聘者做出最后的录用选择

工作场景描述

当很难确定招聘结果，难以对应聘者做出最后的录用选择时，可查看。

解读与分析

决定聘任哪位应聘者是管理者选人时最关键的决策。在销售经理提出招聘申请后，企业应采用由下至上逐级面试、逐级差额推荐候选人的方法，由主管销售的管理者最终面试、拍板决定是否录用。这种招聘机制有助于管理者从全局把握销售团队的整体素质，平衡销售团队的发展。对销售人员的最终录用选择，管理者可以参考以下几个方面。

1.设置优秀员工标准

只聘用在此标准下最顶尖的那5%，无论发生什么情况都不能在用人原则上有丝毫妥协。即使有职位空缺时，也要花必要的时间进行最恰当的选择，因为企业的员工质量决定着企业的发展。

2.不要让人力资源部决定最终录用

工作中不要让人力资源部决定最终录用，也不要让需要纳新的部门在第一天就见到初次亮相的应聘者。

3.相信应聘者

当新来的销售人员开始试用期工作后，绝对不要认为他最初的简历夹杂水分，怀疑他能否胜任该工作。要相信应聘者，用人不疑，疑人不用。事实上，不仅面试是检验应聘者工作能力最直接有效的手段，针对其试用期的工作表现，企业同样可以考核应聘者的工作能力。

4.学历不是必需的

以学历高低确定薪资水平，这种规定是不合理的。事实上，销售行业很多从业人员连高中都没有毕业，但同样能够将工作做得很出色。因此，无论哪个行业，只以学历作为标准是不科学的，能否胜任工作才是最重要的。

5.所有的聘任体系都不能保证胜任者均被聘用

很多合格人才被刷掉，少数不称职者被聘用，均是聘任体系下的正常情况。坚持聘用最优秀的员工，是企业正确的录用选择。辩证地看待聘任体系这两方面的问题，可以使企业以积极的心态来组建一个优秀的销售团队。

关键点提示

对于销售人员的最终的录用选择，企业必须牢记以下五点：

1.设置优秀员工标准；2.不要让人力资源部决定最终录用；3.相信应聘者；4.学历不是必需的；5.所有的聘任体系都不能保证胜任者均被聘用。

第3章

销售人员培训常见问题

销售工作是实现商品与货币交换的过程，马克思形象地把这一过程称为“商品惊险的一跳”，销售人员正是实现这关键一跳的关键人物。无论是对新手而言，还是对有丰富实战经验的销售高手而言，培训都是必要的，无数优秀团队的历程已证明了这一点。因为培训不仅可以让销售人员知道市场的规则，还可以强化他们的专业技能，更能让他们随时得到提醒，回避销售陷阱，避免错误尝试，不做无用功。这些措施对销售业绩提升都会有很大的帮助。

3.1 如何掌握销售人员培训要点

工作场景描述

当在培训销售人员过程中为了更好地掌握培训要点时，可查看。

解读与分析

培训要达到怎样的效果？培训要点有哪些？在所有的培训工作中，哪些因素是必须狠抓落实的？为了弄清楚这些问题，有必要对成功团队的培训要点进行归纳。

1.团队价值高于一切

虽然很多企业依据业绩制订薪酬标准，特别强调个人贡献的大小，但企业更多注重的是综合业绩的好坏，一名销售人员的良好业绩并不能维持企业的生存发展，一个团队的成员都有好业绩，企业才能可持续发展。销售人员除了做出自己的工作业绩以外，一定要把整个团队的价值放在首位。事实上，在团队建设中，集体意识比个人意识更被企业所看中。

2.协作配合

有的销售人员觉得自己在工作中单打独斗，付出很多汗水才获得了好业绩，认为销售业绩好就是自己一个人的功劳。可是，没有工人生产产品，销售人员拿什么卖给客户？没有财务部门的精确核算，销售人员以什么样的价格卖给客户？没有团队的后勤保障，客户来企业谁接待？所以，销售人员的每一笔交易都是全体人员的结晶，销售人员的业绩不单是自己的业绩，也有团队其他成员的一份。

3.帮助同事

有的销售人员只顾提升自己的业绩，不愿与其他销售人员交流好的办法，怕别人的业绩超过自己。可是，一个企业只有你的业绩好，别人的业绩都非常不好，企业拿什么发展？个人又有什么空间发展？帮助别人，别人也会帮助你。其实帮助别人就是在帮助你自己。

企业对销售人员培训的内容涉及方方面面，但要抓住精髓。销售人员的培训首先就是要使其学会尊重别人，配合别人，帮助别人。越到最后，培训的要点越简单。

关键点提示

销售团队的培训要点一般包括以下三点：

1.团队价值高于一切；2.协作配合；3.帮助同事。

3.2 如何做好销售人员培训计划

工作场景描述

当销售团队想做好销售人员培训计划时，可查看。

解读与分析

销售经理在培训销售人员时，要让销售团队中的每一个人都明白一个铁律：不奔跑的羚羊会被自然无情地淘汰，通过培训可使自己掌握生存的本领。做好销售人员培训计划可从以下几个方面着手。

1.企业文化及企业经营理念

销售人员只有真正理解并认同了企业文化及企业经营理念，才能真正融入企业销售团队之中。

2.销售专业理论知识

变化是市场永恒的主题，销售人员必须清醒地认识并努力适应这种变化，从而永远保持积极、主动的态度，这就需要销售人员具有系统的销售专业理论知识做后盾。一旦市场格局发生变化或是自己换了不同的行业，也能从容应对。销售团队应对销售人员做系统的销售专业培训，而销售人员也要加强自身的业务学习，否则最终会被市场淘汰。

3.具体业务的培训

销售人员具体业务环节的培训包括对企业经营策略的理解、产品的管理、经销商的管理、市场的管理及市场信息的管理等方面的内容。

4.各种票据的管理和识别

使销售人员掌握对有关业务办理的开票程序、提货程序、出门、售后服务跟踪卡的填写及各种票据的识别和管理。

5.企业各种制度的培训

（1）对销售人员明示企业规章制度及违反市场规则的处罚办法，规范销售人员的行为。

（2）各种报告和表格的完成。培训销售人员要保质保量地完成每日工作记录、每周和每月工作计划、销售进展情况报告、月度和季度工作总结、经销商最新情况、竞争对手分析报告等各种表格和报告。

（3）信息反馈及售后服务。

（4）财务结算及报销制度。

（5）合同制度。

团队在选择和招聘好销售人员后，要对销售人员进行培训。销售人员经过企业的有效培训和合理培养，可迅速成长为一名优秀的业务人员，为取得良好的业绩打下基础。而设计一个好的培训计划则会使培训效果事半功倍。

关键点提示

做好销售人员培训计划要从以下五个方面着手：

1.企业文化及企业经营理念；2.销售专业理论知识；3.具体业务的培训；4.各种票据的管理和识别；5.企业各种制度的培训。

3.3 如何设计新入职销售人员的培训内容

工作场景描述

当企业需要设计新入职销售人员的培训内容时，可查看。

解读与分析

企业对一名销售人员的初级销售培训，必须包括从理论到工作流程，甚至到言语细节等方方面面，而且每一方面的培训都要细致入微。销售人员在独立进行销售工作之前，这几项训练必不可少。

1.熟悉企业内部流程和资源

企业在培训时要详细向销售人员介绍内部流程和资源，即介绍企业有哪些关键业务，各关键业务是怎么运行的，部门之间是如何协作完成关键业务活动的，哪些事情必须请示，哪些事情可以自己做主……所有这些流程、环节、资源利用等事情都要向销售人员进行详细的介绍。很多企业在这一点上做得不好，导致很多销售人员进入岗位一年多了，还在问有关企业流程的事情。

2.熟悉销售管理制度

要让销售人员熟悉销售管理制度。例如，要让他们熟知在企业做销售工作应当承担什么责任，在什么情况下接受考核，考核的方式是什么，达到标准会怎么样，达不到标准会怎么样，超过标准又会如何。这些制度都要详细地告诉销售人员，有的企业做得不太好。例如，有的销售人员到企业已经半年多，但是对于整个薪酬的构成仍然模糊不清，没有高薪酬激励，工作时就没有干劲。还有的销售代表不知道企业的管理规定，例如这个表格该怎么填写、那个文件必须走什么流程等，这样往往会影响以后的工作。所以要让销售人员安心做好工作，企业的销售管理制度也应该向他们做详细的介绍。

3.熟悉客户的需求和决策过程

在培训时要向销售人员详细介绍客户的需求和决策过程，例如，企业的目标客户有哪些典型的需求，客户典型的决策过程是什么，由谁提出需求，哪个部门负责选择供应方，哪个部门负责最终拍板，哪个部门最终会使用该产品，哪个部门最终对整个采购进行评价，或者哪些家庭会购买该产品，等等。这些都是客户需求及决策过程的内容。只有接受了相应的培训，销售人员才能按部就班，有条不紊地开展工作。

注意，要知己知彼，才能百战不殆。所以，不宜采用让销售人员边工作边熟悉情况的培训模式。

4.熟悉企业和产品介绍

这一点是指向销售人员宣讲本企业及企业产品的知识。要掌握企业状况和产品知识，销售人员必须不断练习。例如，列出十几个题目，要求销售人员之间互相提问，从不断的问答中仔细体会，直到能够熟练地背诵下来。这样，销售人员在见到客户时，如果客户问一些常见的问题，就能够很顺畅地给予解答，从而提高打动客户的概率。

5.准客户的寻找和接近

要让新到岗的销售人员熟悉如何寻找以及怎样接近准客户并与其交流，熟悉准客户的模板是什么以及如何通过电话、介绍或其他方式接近他们。

6.学会调整心态

要帮助销售人员学会调整心态，这一点很重要。通过调整心态，可以使他们克服恐惧感和挫折感，顺利从生存期转入成长期。

7.服务过程规范化

要通过培训使销售人员明白：销售人员应具有热情主动的销售意识，对光临的顾客要礼貌问候、主动介绍，让顾客在愉快的氛围中接受销售人员的推荐，以促成交易。销售人员在整个销售过程中，要尽量做到热情大方，但不必过于谦卑；要用热情的服务来打动顾客，感染顾客；在工作中要使用礼貌用语，做到彬彬有礼，具有亲和力。

接待顾客应做到以下几点。

（1）言语举止符合规范。

（2）熟悉产品及相关专业知识，当好顾客的参谋，宣传时不夸大产品功能或功效。

（3）热情、自信地待客，不冷落顾客。

（4）顾客较多时，要借机造势，掀起销售高潮。

（5）耐心待客，不得有不耐烦的表现。

（6）为顾客拿产品或进行包装时应熟练、正确，递给顾客时应使用双手。

（7）收钱、找钱均应使用双手。

（8）不管顾客是否购买，均应文明待客、礼貌送客。

（9）不强拉顾客。

（10）不中伤竞争对手的商品。

8.学会处理异议

有时，客户会问“为什么现在价格提高了？”“为什么要先交预付款，而且要交这么多？”等问题，这些都是典型的反对意见。针对客户的异议，团队负责人要不断训练销售人员处理异议的能力，教给销售人员区分异议真假并进行处理相应问题的基本功。

9.掌握销售流程

让销售人员掌握整个销售流程，一般是在培训的最后一周进行。这个时候，可以模拟一个典型客户，例如采购人员让接受培训的销售代表“攻关”，也叫“打通关”。团队负责通过辅助他来一次“打通关”，让他对整个销售工作程序能够融会贯通。如果他能达到相应的标准，就算通过。只有通过这最后一关，才能委派他工作。

在销售培训中，销售经理必须强调微笑的重要性，因为微笑可以使顾客感到放心，可以缩短磨合期，更快地取得顾客的认同，从而达成交易。

但是，在大多数的初级销售培训中，管理者只注重服务过程的培训，对其他方面大都一笔带过或直接省略，这种做法是不成熟的。对于专业销售团队来说，这种基础阶段的培训如果有丝毫的马虎，都可能给今后的工作带来不利影响。所以以上九个方面，在培训中都要认真落实。

关键点提示

初级销售培训要让销售人员能够达到以下九项要求：

1.熟悉内部流程和资源；2.熟悉销售管理制度；3.熟悉客户的需求和决策过程；4.熟悉企业和产品介绍；5.学会准客户的寻找和接近；6.学会调整心态；7.学会服务过程规范化；8.学会处理异议；9.掌握销售流程。

3.4 如何组织销售人员专业级能力提升培训

工作场景描述

当组织销售人员专业级能力提升培训时，可查看。

解读与分析

如何培训才能使销售人员在更大范围内、更高程度上发挥潜力，这就需要企业组织专业级能力提升培训。在销售活动中，工作成绩取决于人员素质、敬业精神和其他一些可能影响到销售活动的因素。通过一些成熟团队的经验，可以很容易地总结出这些培训要点。一般来说，这些培训项目包括下列内容。

1.培训热爱企业、热爱岗位的精神

一名优秀的销售人员应该对所从事的销售工作充满热爱，忠诚于企业的事业，兢兢业业地做好每件事。企业在这一方面加大对销售人员的培训，可以取得更长久的效果。

2.培训热情主动的服务态度

销售人员还应具备热情主动的服务态度，让每位顾客能感受到贴心的服务，在接受服务的同时接受企业的产品。企业培训销售人员的热情服务态度，也有利于提升他们的工作潜力。

3.培训敏锐的观察力和洞察力

优秀的销售人员还应具备对顾客购买心理的敏锐观察力和深邃洞察力，只有这样才能清楚地知道顾客购买心理的变化。了解了顾客的心理，就可以有针对性地进行引导。培训销售人员的观察力和洞察力，让销售人员在销售谈判中更准确地发现和接收信息，对于销售业绩的提高很有益处。

4.培训高超的语言沟通技巧和谈判技巧

优秀的销售人员还应具备高超的语言沟通技巧和谈判技巧。只有具备这样的技巧，才能让顾客接受企业的产品并在价格谈判中取胜。这方面的培训也格外重要。

5.培训良好的心理素质

优秀的销售人员应具备良好的心理素质，这很关键。因为在销售过程中，销售人员承受着各种压力、挫折，没有良好的心理素质是不行的，所以培训销售人员的心理素质是必不可少的。

关键点提示

企业组织专业级销售能力提升培训的方法包括以下五个方面：

1.培训热爱企业、热爱岗位的精神；2.培训热情主动的服务态度；3.培训敏锐的观察力和洞察力；4.培训高超的语言沟通技巧和谈判技巧；5.培训良好的心理素质。

3.5 如何培训团队中的自由销售人员

工作场景描述

当需要培训销售团队中的自由销售人员时，可查看。

解读与分析

自由销售人员一般是直接接触顾客的促销人员。让顾客从衣兜里掏出钱来购买企业的产品是一个艰难的过程，销售人员必须有充足的理由让顾客愿意购买产品，并让顾客感到他所购买的产品是物超所值的。对于销售团队中自由销售人员的培训，可以从以下三个方面着手。

1.入职强化训练

第一步是针对新来的销售人员的入职强化训练，一般由企业总部负责。但是这种模式对于中小企业来讲很难做到，因为只有一次招聘几十甚至上百名销售人员，才有可能做这种规模化的入职训练。中小企业往往根据业务需要，先把人招过来，然后由人力资源部向其宣讲企业的相关文化制度。

当销售人员能力欠缺、业务不精、没法胜任一项销售工作时，不要急于进行工作沟通或给予培训。可以先陪他共同工作一个下午，发现问题的关键是什么。人力资源部经理如果对培训寄予的希望太大，则会丧失对现实情况的敏锐判断力。培训对销售人员的成长是有帮助的，却是一项长期投资，不可能一蹴而就。

对销售人员的要求分两步走。起初要求做销售不犯财务错误，对客户不丧失信用，强调规范、强调勤奋、强调团队精神。基础业务知识和技能具备后，应着重培养创新意识，鼓励他们敏锐地发现市场机会，大胆创建新的销售办法，不断尝试、不断总结、不断行动。

2.专项销售训练

一般而言，专项训练至少需要三周的时间，这样才能真正把专项训练做好。一名优秀的自由销售人员经过专项训练之后，能练出一双火眼金睛，能对顾客做出准确的判断，从顾客的年龄、衣着、语言、表情等方面可以综合判断顾客的身份，并对顾客做出以下分类：（1）漫不经心，随便看看的；（2）有购买意向，前来打听价格的；（3）想购买但还存在犹豫心理的；（4）能够做出决策，马上购买的。

如果能做到这一点，那么就能够针对不同顾客采取不同的促销办法和促销技巧。对顾客购买力的判断，要先衡量顾客的意愿和能力，寻求有购买能力、有购买需求、有购买决定权的人，并对他们采取以下策略：应对精打细算的顾客，可以施以小恩小惠赠送其一些小礼品；应对唠唠叨叨的顾客，可以采取与其“泡蘑菇”的办法，不要轻易放弃；对于挑三拣四的顾客，一定要耐心解释他们提出的问题。

接下来可以遵循AIDA（注意、兴趣、欲望、行为）法的顺序开展一系列促销工作，其工作流程为：A代表注意，向顾客说明产品的某项特征，特别是产品某些特殊的优于竞争对手的功能特征；I代表兴趣，为顾客分析产品特征的优点；D代表欲望，为顾客详细列出产品带来的利益；A代表行为，以真实的证据说服顾客。

3.周期的集训、轮训

所谓周期的集训、轮训，就是任何一名自由销售人员一年要接受一次专门的、系统的培训。销售技能也好，客户管理也好，市场开拓也好，总之，一年至少培训一次。自由销售人员接受这种集训、轮训，可以有一种充电的感觉，也可以从新的角度看待他以前的销售工作。做到这一点的团队目前还非常少。很多企业的自由销售人员，虽然进入企业好几年了，但是除了刚进企业的时候接受一些相应的训练以外，以后就长时间没有经过什么系统训练了。缺乏这种周期的集训、轮训，对于自由销售人员的成长以及销售团队的持久发展，都会产生负面影响。所以说周期的集训、轮训还是非常重要的。

当然，自由销售人员的集训、轮训一般应选择在销售淡季进行。另外，对于培训模式，采用实景模拟的方式，效果会更好。

关键点提示

进行自由销售人员培训的方式包括以下三个方面：

1.入职强化训练；2.专项销售训练；3.周期的集训、轮训。

3.6 如何针对业务老手进行提升训练

工作场景描述

当需要针对业务老手进行提升训练，以进一步挖掘他们的工作潜力时，可查看。

解读与分析

销售人员大体可以划分为三个级别：初级销售人员、中级销售人员、高级销售人员（业务老手）。初级销售人员是产品的推销者，对产品的功能非常熟悉，关注的是客户要买什么样的产品，经常会在价格上不断做出让步。中级销售人员是解决方案的提供者，关注的是客户为什么要买产品以及如何买，他们很少会因为价格问题而丢失客户。高级销售人员（业务老手）关注的是如何将企业与客户建立起生死存亡的伙伴关系，他们往往能为企业创造巨大的利润空间。企业对这些业务老手的提升培训必须做到以下三点。

1.设计合适的培训内容

培训内容的适当与否是培训业务老手能否有效的关键因素，为此企业必须做好培训前的需求分析。培训需求分析包括组织分析、工作分析和个人分析。组织分析就是要确定企业存在的问题和不足，以及企业将来发展所需要的知识和技能；工作分析就是确认某一岗位的工作行为与期望的行为标准的差距；个人分析就是找出业务老手现有的技能水平与要求的技能水平间的缺口。培训就是要填补缺口，有的放矢，对症下药。培训的内容体系从总体上来看可分为知识培训、技能培训和态度培训，企业要针对业务老手的欠缺点设计培训内容。

2.选择合适的培训形式

培训的形式多种多样，在组织上可正式也可非正式，在时间安排上可集中也可分散，在工作关系上可脱岗也可在岗，在培训地点上可以是企业内也可以是企业外等。具体采取什么形式的培训，企业应根据培训的任务、内容及企业自身的情况来定。一般情况下，对业务老手的培训环境氛围应以轻松活泼为宜。

3.引入先进的培训媒介

现代企业培训所用的工具发生很大的变化，录音录像、投影片、幻灯片、活动挂图、电脑系统、培训软件等先进技术越来越被企业所采用。先进的培训媒介既能提高培训的效率，又能增强培训的效果，对于业务老手而言，这样的培训也能消除其抵触情绪。

业务老手是销售团队的主力军，往往“老虎屁股摸不得”，但要让他们适应团队的工作变化，对他们进行提升培训是必须的。对业务老手进行提升培训，能体现管理者的水平。

关键点提示

针对业务老手进行提升训练要做到以下三个方面：

1.设计合适的培训内容；2.选择合适的培训形式；3.引入先进的培训媒介。

3.7 如何通过问题对销售人员进行培训

工作场景描述

当销售团队想通过问题对销售人员进行培训时，可查看。

解读与分析

销售团队能在每个区域市场精耕细作和获得优势，其直接责任者便是承担区域市场工作的销售人员，所以销售人员的成长是销售团队能否成功的关键。团队首先应建立培训的管理机构，配备相应的管理人员，加强培训工作的计划性、针对性和策略性，紧紧围绕完成企业的任务、实现企业的目标、提高企业的业绩来发现问题，把培训当作解决问题的方法和手段。企业可以通过问题对销售人员进行如下培训。

1.知识方面的培训

例如，发现销售人员专业知识方面出现问题，就可以进行知识方面的培训，因为销售人员不仅要了解自身的企业和产品，还要熟悉竞争对手的情况，做到知己知彼。

2.销售技能方面的培训

例如，发现销售人员商务礼仪、展现技巧、沟通技巧和谈判技巧等方面出现了问题，企业就可以进行销售技能方面的培训。

3.管理技能方面的培训

例如，发现销售人员领导技能、管理技术、公文处理、合同管理、办公自动化、财务基础知识、商务实务、心态调整和沟通技巧等方面出现了问题，企业就可以进行管理技能方面的培训，以提高销售人员的基本素质和业务技能。

4.岗位方面的培训

各级销售经理要对下属就日常工作加以指导，如发现销售人员岗位技能、销售策略和政策、业务流程和管理记录等出现问题，就可以进行岗位方面的培训。一般培训的形式可采用内部交流，经验及案例分析教学，聘请专业技术人员、专家学者讲课，组织参加外部的公开培训班等。

5.人品方面的培训

隐瞒、夸大事实的销售人员绝对不可能成为成功者。学会做人是做好销售工作的基础。企业一定要对销售人员进行人品方面的培训。

众所周知，优秀销售人员和平庸销售人员的经营业绩可能天差地别，优化企业销售人员团队，不断提高销售人员整体素质，才能获得较好的销售业绩。所以如何设计通过问题的培训来加强对新招聘销售人员的管理和使用就显得非常重要。

除此之外，还需要强调一点，以上方面不是同时进行的，即通过问题的培训一次只针对一个问题，培训一个方面。

关键点提示

通过问题对销售人员进行培训包括以下五个方面：

1.知识方面的培训；2.销售技能方面的培训；3.管理技能方面的培训；4.岗位方面的培训；5.人品方面的培训。

3.8 如何处理好随访辅导中的问题

工作场景描述

当需要处理好随访辅导中的问题时，可查看。

解读与分析

团队负责人将销售任务委派给下属成员，经过一定的时间之后，必须进行随访辅导，即直接通过走访客户来了解信息，也就是随访和观察。在运用随访辅导时，要注意以下几点。

1.要有一定的出访量

作为一名销售人员，在一个区域做的时间比较长了，就容易产生这样一种心理：这个区域我待的时间很长，这个区域的客户我闭着眼睛也能数过来，对他们的情况我了如指掌。在这种心理的指导下，销售人员带领导随访时，就会只选一两个具有代表性的客户给领导看。因此，在随访辅导过程中，领导一定要注意多调查一些客户，才能掌握真实的情况。

2.善于“居其侧”

团队负责人跟销售人员一起出去拜访客户的时候，要注意把握一个分寸，即“居其侧”。跟着下属出去拜访客户，团队负责人应该在旁边观察和指点。只要销售人员能应付的事情，就尽量让他去做。当然，客户会有这种心态：既然你和领导一起来了，有些事情直接向领导说更省事。这时候，建议团队负责人把话题接过来，但是不要马上就表态，而应该让直接负责这笔单子的销售人员来处理。如果团队负责人大包大揽，不“居其侧”，最终销售人员就会退到后边，不但其创造力、反应力得不到锻炼，而且积极性也会受到打击。

3.不要急于指点

团队负责人在随访观察过程中即便觉得销售人员做得不好，也不要急于指点。有些团队负责人的脾气很暴躁，刚从客户的大门口出来，抬手就指着销售人员的鼻子大骂，这样销售人员的压力会非常大。如果这个领导接下来再说“下次我还跟你一起去拜访”，估计销售人员走路都哆嗦，到客户那儿连话也不敢说了。反过来，这也说明领导没有起到很好的指点和带动的作用，当然也达不到管理提高的目的。所以，团队负责人不要急于指点销售人员，有问题回来后再慢慢解决。

4.养成多看、多听、多问、多记的习惯

团队负责人在整个随访辅导过程的各个环节，都要注意多看、多问、多听和多记。首先，注意看客户的每一个细节，把你觉得能反映客户一些“苗头”的细节记下来。其次，客户跟销售人员对话的时候，应该仔细听，并把疑点记下来。然后就可以针对这些疑点向客户多问两句，这样做往往很有效果。此外，团队负责人应当尽量少说话，即便需要说话的时候，也应该避免抢着说。因为你是在随访观察，你对客户的了解肯定比不上直接进行接触的销售经理或一线销售员。

5.针对结果进行辅导

有了一定的随访量，也就对销售人员的各个方面有了一定的认识，这时候企业就可以根据这些资料来培训，让销售人员更好地改进工作以达到培训的目的。

随访辅导是销售培训中比较有效的培训方式，但是，应避免当着客户的面对销售人员指指点点，这样不但伤害了销售人员的自信心，也让客户感到自己没有受到重视。所以，在随访辅导中，得到的资讯往往是回去后做辅导的依据，不要在当时就展开辅导。

事实上，在市场竞争中太过自信是相当危险的。因为没有永远的赢家，没有永远的弱者，什么都会改变。

关键点提示

实施随访辅导的要点包括以下五点：

1.要有一定的出访量；2.善于“居其侧”；3.不要急于指点；4.养成多看、多听、多问、多记的习惯；5.针对结果进行辅导。

3.9 如何让团队成员学会与顾客沟通

工作场景描述

当为了让团队成员学会与顾客沟通而进行培训时，可查看。

解读与分析

著名的销售数字法则：1∶8∶25∶1，即影响1名顾客，可以间接影响8名顾客，并使25名顾客产生购买意向，1名顾客达成购买行为。依次类推，如果你得罪了1名顾客，那么也会带来相应的损失，而带来的损失需要你付出两倍的努力来弥补。由此可见，每一位销售人员都应该拥有良好的沟通技巧。

与顾客面对面的交流沟通是达成交易的主要手段，有效的沟通机制，可为产品的推广、销售提供有效的支持。所以有人夸张地说：“销售即沟通，沟通即销售”。企业的销售体现在通过沟通让客户和社会对企业以及企业的产品予以认可。销售沟通有以下几种常用方式。

1.尽量了解对方

对谈论的主题了解不够，常常造成隔阂。如果一个人根据过去的经验进行人际沟通，他的问题可能是对谈论的主题了解太多，而不是太少。销售人员在沟通之前必须做好准备，尽量了解对方。他们对沟通的主题已经知道了多少？他们的背景如何？有过哪些经验？在传递信息之前，先探知他们对主题了解多少，会让你沟通得更顺利。因为这样一来，对方在沟通过程中的质疑便减少了。

2.审慎地制订工作进度表

不要把你的进度表订得过于紧迫，最好是留点时间用来应付无法避免的干扰——有些意外的干扰的确可以让你得到解决问题所需要的信息。如果你能制订一份合适的工作进度表，就能在限期之内拥有充分的时间，完成交付的工作，并且在尽到职责的同时，兼顾效率、经济与和谐。

3.使用肢体语言

销售人员在工作中，有时可以把自己当作一个聆听者，把顾客当成讲话者。

在聆听之前，通常应与讲话者进行眼神上的交流，用眼神告诉讲话者：我已经准备好了，你可以说了。聆听者切勿东张西望，应该正眼看着讲话者。通常的做法是频繁点头，鼓励对方说话。在听的过程中，也可以身体略微前倾，这是一种积极的姿态。这种积极的姿态表示，聆听者不仅愿意听，而且在努力地听。

4.设身处地的思考原则

努力避免出现选择性认知情况，销售人员要采用设身处地的思考原则，即假想自己就是顾客，那自己会做出怎样的反应，以此决定自己的行动方案。虽然在整个过程中，销售人员似乎在自弹自唱，但这种方法仍属于销售沟通的有效方式。

5.正视干扰

沟通的目的是理解对方的全部信息，而沟通又常常会被各种干扰所中断。为了消除这一类的障碍，销售人员必须先承认此类现象的存在，不要故意忽略这些干扰。如果销售人员在沟通时被打断了，在继续交谈下去之前，销售人员应确定双方都完全了解刚才所交换的信息。受到干扰之后，销售人员可以向对方表示沟通已经中断，再重复一次刚刚说过的话，确定双方一样了解情况。如果以上几个建议行不通，或是干扰很严重，无法继续沟通，销售人员应该重新安排面谈、阅读或写报告的时间。

在沟通过程中，如果没有听清楚或者没有完全理解时，应该及时告诉对方，请对方重复或解释。沟通者不及时澄清疑问，是沟通中的大忌。没有人与人之间的沟通就不可能实现团队事务的任何一项职能，可见沟通的重要性。事实上，团队每天所做的大部分事务，都是围绕沟通这个中心问题展开的，与上级、下属、客户、社会公众的交流无时不在。总之，有效的沟通就是通过攻心策略。销售人员通过有效的沟通，知道从何处打动客户的心，通过推、拉技巧的结合聚集人气，而让市场活跃起来，通过市场细化管理使企业进可以攻，退可以守，左右逢源，游刃有余。

关键点提示

销售人员与顾客沟通要做到以下五点：

1.尽量了解对方；2.审慎地制定工作进度表；3.使用肢体语言；4.设身处地的思考原则；5.正视干扰。

3.10 如何培训团队成员有效利用时间

工作场景描述

当希望培训团队成员在工作中有效利用时间时，可查看。

解读与分析

企业领导者需要在有限的时间内处理完工作，而销售团队的成员也要能在固定的时间段内争取处理更多的业务。为了有效地利用时间，必须掌握以下三条基本原则。

1.诊断自己的时间

诊断自己的时间，目的在于知道自己的时间是如何耗用的。为此，销售人员要记录时间的耗用情况，要用一天中精力最好的时间段干最重要的事。精力最好的时间段因人而异，每个人都应该掌握自己的生活规律，把自己精力最充沛的时间段充分利用起来，专心去处理最费精力、最重要的工作，不要把最有效的时间段切割成无用的或者低效率的零碎时间。

2.剔除无效的时间

销售人员应该确定哪些事根本不必做，哪些事做了也是白费工夫，凡发现这类事情，应立即停止这项工作。应该由别人干的工作，包括不必由你干，或别人干比你更合适的，则交给别人去干。此外，还要检查自己是否有浪费别人时间的行为，如果有，也应立即停止。

3.重新安排时间表

在日常生产经营活动中产生时间浪费的原因有很多，如销售团队制度的不健全、环节过多、信息不灵、人浮于事、相互扯皮等都会造成惊人的时间浪费。时间毕竟是个常数，人的精力总是有限的，但只要领导者能够遵循时间管理的原则，便能提高管理工作的时效性，用同样的时间产生更大的经济效益。

在制订新的时间安排时，可以将已经发生过的事件的前前后后做详细的分析，假设同样的情况再次出现应该采取什么样的对策，然后针对尚未发生的事件安排好时间，这是一种很有效的方法。

做好时间安排，不仅能有效解决工作负担，减轻压力感，而且也能从紧张的时间安排中寻找到科学化、系统化所带来的快感，让工作更轻松地完成，让自己和员工更充满信心地迎接挑战。

关键点提示

培训团队有效利用时间的方法包括以下三点：

1.诊断自己的时间；2.剔除无效的时间；3.重新安排时间表。

3.11　如何培养销售人员的自信

工作场景描述

当企业需要培训销售人员的自信时，可查看。

解读与分析

销售人员的职责是诚恳地为客户服务，以下这些措施能帮助销售人员建立自信。

1.对销售职业的自信

销售是一种高尚、有意义的职业，是一种为消费者谋福利、提供方便的职业，有利于国民经济的发展。既然从事销售工作，就要正确认识销售这个职业，对这一职业充满信心。

2.对自己的自信

自信是成功的先决条件。销售人员只有对自己充满信心，才会在客户面前表现得落落大方、胸有成竹，才会感染、征服消费者，客户对产品才会充满信任。

3.对企业的自信

企业要经常将市场发展前景、企业动态、企业变化等及时告诉所有销售人员，尤其是企业获奖、开发新产品、薪资改革、政府部门访问企业的情况，等等。企业将信息及时反馈、交流，有助于培养销售人员对企业的自信心。销售人员要相信企业是一家大有前途的企业，是一家谋划长远的企业，是时刻为客户提供最好产品或服务的企业。

4.对产品的自信

现实中一些业绩不好的销售人员将失败原因归于产品。但是任何一家企业、任何一种产品都有业绩优秀的销售人员，每家企业都有自己的销售冠军。业绩的好坏主要取决于主观条件，而不是客观条件，销售人员要始终对自己销售的产品充满信心。

只有对销售职业有自信、对自己有自信、对企业有自信、对产品有自信，销售人员才能建立起自己的信心。也只有销售人员有了自信，销售活动才能轰轰烈烈地展开。

关键点提示

销售人员产生自信就要做到以下四点：

1.对职业有自信；2.对自己有自信；3.对企业有自信；4.对产品有自信。

3.12　如何解决培训中常出现的问题

工作场景描述

当销售团队在培训过程中出现问题需要解决时，可查看。

解读与分析

众所周知，今天的销售团队要想取得成功，必须反应迅速、灵活且不断改进工作方法。要做到这些，培训是一条重要的途径。但销售团队培训中经常会出现一些问题，如认识问题、模式问题、习惯问题、理论问题等，具体表现如下。

1.兴趣不持久

销售工作具有受人员工作态度影响的显著特点。对于已经具备基本销售技能的团队而言，影响其能力的主要是成员的工作热情。因为在通常情况下，一个人从事同一项销售工作的时间越久，则工作热情就越低，也就是说，销售工作先天具有老化的倾向。针对这一问题，团队要想方设法让队员对销售工作建立起持久的兴趣，始终保持强烈的工作热情。

解决方案：建立持久的兴趣。

2.绩效考评方法不统一

销售工作十分复杂，灵活性强，各企业特点不同，因此，难以制订统一的、十分公平合理的销售绩效考评方法。这就要求销售经理采取各种切实有效的措施不断激励团队成员，尽可能地减少绩效考评方法不统一对销售带来的不利影响。

解决方案：多种激励措施共用。

3.彼此不信任

团队成员要互相了解，彼此信任，对市场的所有信息充分掌握和共享；同时要做到相互支持，配合默契。

解决方案：开放性的沟通及互相支持。

4.工作间互相冲突

销售团队可以按照流程的需要分为若干部门，每个部门又可以由若干人组成。对每个成员所担任的角色要分工合理，明确定位，既互相依存，又要共赢。

如果角色分配不合理，在团队行进过程中，冲突往往会突然显露出来，让团队措手不及。

解决方案：角色的合理分配及明确定位。

5.目标不明确

团队的每个成员都要清楚地知道团队的奋斗目标，而且这个目标要被团队成员所认同，使全体团队成员愿意为这个目标的实现做出不懈的努力。

解决方案：明确的奋斗目标。

6.认同度低

一方面，销售团队要积极取得企业研发、市场、生产和财务等部门的配合与支持，将销售部门的市场压力转变为整个企业的压力；另一方面，还要密切联系社会，让所做的工作取得社会的广泛认同，形成良好的外部环境。

解决方案：看重团队利益。

7.在问题面前互相推诿

团队的每个成员都要视团队的整体利益高于一切，只要有利于团队的发展，不同的见解可以求大同、存小异，内部矛盾可以通过沟通有效地化解，工作过程中的问题可以及时解决。对于团队取得的每项成果，团队成员都要充分共享，做到在荣誉面前不争高低，在问题面前不互相推诿，始终保持荣辱与共的良好氛围，共同赢得团队整体的绩效，获取团队的最大价值。

解决方案：对问题的有效解决和工作成果的共同分享。

虽然很多销售经理现在也在做销售人员技能提升和精细管理等工作，但大多还是在模仿或套用，没有根据自己销售团队的特色或负荷能力去做。这样提升团队，存在着很大的弊端。同时，不少销售经理在很多问题的解决上都有急于求成的功利做法，盲目套用方法，不管方法是否适合，当然也就无法结合自身的销售管理问题找到正确的解决方法。

关键点提示

解决培训中出现问题的方法有以下七种。

1.兴趣不持久的解决方案：建立持久的兴趣；2.热情低的解决方案：多种激励措施共用；3.彼此不信任的解决方案：开放性的广泛沟通及互相支持；4.工作间互相冲突的解决方案：角色的合理分配及明确定位；5.目标不明确的解决方案：明确的奋斗目标；6.认同度低的解决方案：看重团队利益；7.在问题面前互相推诿的解决方案：对问题的有效解决和工作成果的共同分享。

3.13 如何鼓励销售团队成员积极参与训练

工作场景描述

当团队领导者想鼓励销售团队成员参与训练并需要提高其积极性时，可查看。

解读与分析

训练是团队发展不可或缺的过程，团队领导者可以通过下列方法来有效地激励团队。

1.帮助成员更加了解自己

团队领导者敏锐而客观的意见往往能够帮助团队成员找出自身的长处与短处，并突破影响个人进步的障碍。

2.寻找既可以改进效率，又能够同时制造成长机会的方式

例如工作轮调制度，既可以满足团队成员的兴趣，又可以增强其对各种工作的适应力。

3.表现出正确的态度

团队领导者向团队成员宣传训练的益处并耐心等候结果。千万不要让成员产生学习

不是工作，训练所花的时间没有价值等负面想法。团队领导者分享自己的知识和经验，并分享相关信息和文章，能使团队成员顺利地自我成长。

4.要使团队从学习中有具体的收获

必须让团队成员感受到训练的重大意义，并看重从中获得的好处。团队领导者应当让训练和工作紧密结合，并使成员了解自己与成功的关系。

5.建立培训信心

学习中的团队大多敏感并会犯错，团队领导者要强调成员进步的地方，进而鼓励成员，不能总指责他们的失败之处。领导者要反复强调应当采取的正确步骤，不要喋喋不休地说他们的错误。一定要避免让训练中的团队成员产生任何压迫感、被嘲笑或者被刻意保护的感觉。但是，领导者要将鼓励与赞美区分清楚，后者应留作对努力与成功者的奖赏。

关键点提示

团队领导者可以通过下列五种方法来有效地激励团队：

1.帮助成员更加了解自己；2.寻找既可以改进效率，又能够同时制造成长机会的方式；3.表现出正确的态度；4.要使团队从学习中有具体的收获；5.建立培训信心。

3.14 如何成为销售团队成员的优秀教练

工作场景描述

当想成为销售团队成员的优秀教练时，可查看。

解读与分析

团队领导者应当尽力成为团队的教练，为成员提供知识和指导。以下是优秀的团队教练应做的几点。

1.倾听成员的职业发展计划

任何一名成员都希望在团队中获得个人职业生涯的发展，如果团队领导者愿意聆听他们的想法和未来的目标，他们就会觉得自己受到了关注。

2.根据成员业绩找出需要加强的培训项目

每个成员在完成业绩的过程中，都会暴露出哪些技能还不够。这些技能正是团队领导者需要加强的培训项目。

3.成员培训前给予必要的辅导

团队领导者需要告诉成员这个课程将会围绕哪些方面的内容来进行，需要做好哪些方面的工作，收集什么材料，准备什么案例，以什么样的方式来学习。

4.培训期间安排其他人接替成员工作

有很多团队领导者会在这方面犯小错误。领导者一方面派人去培训，另一方面却不断地给他分配任务，使他分心。实际上，要达到良好的培训效果，就要让参加培训的成员有比较充裕的时间。

5.培训后倾听成员的感受

团队领导者培训后倾听成员的感受，协助受训人制订目标和行动计划，这才真正有所收获。

6.鉴定目标完成情况，评估成员受训效果并将所得与整个团队分享

团队领导者的态度，在很大程度上会影响成员能学到什么东西，以及如何应用。团队领导者应当成为出色的教练，全神贯注地开发成员的能力和热情，而不仅仅是记录团队的表现。

关键点提示

优秀的团队教练应做到以下六点：

1.倾听成员的职业发展计划；2.根据成员业绩找出需要加强的培训项目；3.成员培训前给予必要辅导；4.培训期间安排其他人接替成员工作；5.培训后倾听成员的感受；6.鉴定目标完成情况，评估成员受训效果并将所得与整个团队分享。

3.15 如何进行销售团队成员的技能训练

工作场景描述

在为团队成员提供持续的培训环境，以获得所需的技能和实践经验时，可查看。

解读与分析

技能训练是团队最基本的一项训练。事实上，如果团队里有其他成员可以充当教练，团队领导者也可以和队员们一起参加培训。以下是关于训练的一些基本步骤。

1.选拔受训成员

团队领导者事先评估成员的技能水平，最好通过询问或在工作过程中进行考察，不妨提出一些问题，然后通过研究实施细节，讨论确定成员需要具备的技能，从而制订训练目标。在这个过程中，团队领导者一定要有敏锐的洞察力和一定的预见能力。

2.营造积极氛围

在训练过程中，团队领导者应时刻关切成员的感受，让他们确信自己有潜力。除此以外，团队领导者还应当为可能带有风险的活动提供安全保障，帮助成员适应陌生的环境并应对困难。

3.描述预期成绩

训练安排的程度应由易到难，由浅入深。描述预期业绩及可能采取的矫正行动，举例说明工作业绩合格与否的标准，还应当阐明实现目标过程中的一些关键步骤，并请受训成员复述领导者的指示。

4.实施训练

领导者为团队提供所需要的一切资源，提供支持和帮助，以尽可能降低风险。在训练过程中，团队领导者应当记录具体的实施情况，以仔细检讨存在的所有问题并为后续训练做准备。避免任何可能影响实施效果的姿态和言辞，始终采取积极支持的态度。在团队试用新的技能及行为方式进行工作时，还应尽量采取低调的姿态。

5.征求意见及改进训练技巧

训练刚结束时成员们最有可能记得训练的细节，此时是征求他们意见和建议的最佳时机。

6.采取后续行动，强化训练效果

团队领导者提供及时、详尽的反馈信息，赞扬成员的表现，并确保成员继续参加后续训练。如有必要，还应安排额外或附加训练。

团队领导者帮助成员发展技能，不仅有利于他们完成工作任务，也有利于团队精神的培养。因此，技能培训是打造高绩效团队不可或缺的一项内容。

关键点提示

团队领导者进行成员训练的基本步骤有以下六点：

1.选拔受训成员；2.营造积极氛围；3.描述预期成绩；4.实施训练；5.征求意见及改进训练技巧；6.采取后续行动，强化训练效果。

3.16　如何进行销售团队成员的外部训练

工作场景描述

当想进行销售团队成员的外部训练时，可查看。

解读与分析

大多数的培训是在工作场地内进行的，但是有些技能的培训相当复杂，在这种情况下，培训就需要在工作场地以外进行。在工作场地外进行训练的方法有以下几种。

1.讲授法

讲授法应用最为广泛，其最大的特点就是经济。但讲授法是单向沟通，讨论的机会少，因此受训人不易对讲授内容进行反馈，而讲授人也无法顾及受训人的个体差异。

2.会议法

会议法是一种讲授者与受训人之间双向沟通的方法。会议可以使受训人有表达意见以及交换思想、知识、经验的机会，也容易鉴别受训人对所讲内容的了解程度。

3.小组讨论法

小组讨论法就是将受训人分成若干小组的训练方式。每个小组由一名组长具体负责该小组的讨论，讨论资料或实例由讲授人提供。

4.实例研究法

实例研究法是指选择有关实例，并书面说明各种情况或问题，要求受训人根据工作经验以及所学知识，研究如何解决和处理的方法。

5.角色扮演法

角色扮演法是指让受训人扮演工作角色，由扮演者演示团队工作中的所有步骤，并对其进行评价。

6.示范法

示范法是指运用幻灯片或PPT等图像手段展示团队工作的具体细节的训练方式。只限于在中小型场地举办的小规模培训。

7.自我进修法

自我进修法是一种不受时间、空间约束的培训方式，由受训人自己学习提高。此法适用于高级的专门培训，如听讲座、参加专业会议、撰写业务报告等专业知识或技能的自我培训。

8.游戏活动法

游戏活动法是制订明确的游戏规则，并设定比赛结果的训练方式。因其参与性比较强，培训气氛好，近些年被广泛使用。

类似的培训方法还有很多。如果采用单一的专业教育课件授课，就无法充分调动成员的积极性。如果引入一些其他方式的训练来吸引成员的注意力，效果会更好。

关键点提示

进行外部训练的方法有以下八种：

1.讲授法；2.会议法；3.小组讨论法；4.实例研究法；5.角色扮演法；6.示范法；7.自我进修法；8.游戏活动法。

3.17　如何培养销售团队成员的领导能力

工作场景描述

当需要将团队成员培养成未来的领导者，以组建自我管理团队时，可查看。

解读与分析

如何将团队成员训练成团队领导者，一直以来都是一个棘手的问题。当团队领导者希望团队成员承担更大的责任来学会领导团队时，不妨参考以下建议。

1.以身作则

如果团队领导者的表现足以起到示范作用，就鼓励团队成员采取行动并支持他们的努力。否则，领导者若没有起到表率作用，就应该认真反思，必须首先把自己改造成优秀的领导者。

2.赋予适合成员发展领导能力的权利

领导者不妨利用一部分团队会议时间讨论各种权利资源，但不要告诉成员们使用或不使用哪些权利，让他们自己来决定最佳方式。团队领导者需要做的全部工作就是和团队成员分析利弊得失，鼓励他们思考权利及其使用方式。但必须注意，发展成员的领导能力，要避免产生指挥系统混乱的后果。

3.帮助团队成员分配任务和制订计划

所选拔的培养对象将决定团队领导者以何种方式帮助成员处理任务和计划问题。团队领导者如果决定了由某几位成员负责某事，就应当鼓励他们说出想法，了解他们的进步，表现出对他们的信心和关注，然后由他们完成其余工作，并确保他们愿意寻求团队领导者的帮助。

4.减少控制

如果由团队成员而不是领导者决定某位成员的工作安排，那就让他们相互帮助，共谋对策解决困难。

5.表达对团队成员的认可

如果一名成员在制订计划和分配任务时把自己的工作合理分配给更适宜的成员，那么他就展示出了领导才能。领导者可以表达对他的欣赏并请他在某一时间段内担当起团队中的某些领导工作。

对于团队领导者来说，恰当而有效地运用权利具有相当大的难度，使一位成员习惯担当领导角色尤其困难。对此，领导者往往可以通过在训练过程中显示出信任和耐心而获得好的效果。

关键点提示

培养团队成员的主要措施有以下五种：

1.以身作则；2.赋予适合成员发展领导能力的权利；3.帮助团队成员分配任务和制订计划；4.减少控制；5.表达对团队成员的认可。

3.18 如何培养销售团队会议的四种角色

工作场景描述

当团队领导者需要让成员自行组织召开团队会议时，可查看。

解读与分析

团队会议参加者有会议主席、会议主持、计时员、记录员等。以下一些训练指导，能帮助团队训练这四种角色。

1.会议主席

（1）确定时间和地点。约见会议主席讨论日程，可简要讨论每一具体事项，判断会议日程是否具有可行性。有任何问题，团队领导者都可以公开指出，但不要就日程事宜直接做出决定，以免越权。

（2）询问会议主席是否预计存在问题以及准备如何应对。除此以外，询问成员还做了其他哪些准备。如果存在问题，领导者可以指出问题，但不要给出答案。

（3）询问会议主席何时将会议议程通知其他成员。应让成员有充分的机会考虑会议议程中的相关事宜。

（4）了解谁将作为会议主持、计时员和记录员。这由会议主席决定，但团队领导者也可以提出相关问题。确保会议主席已安排好后勤方面的事务，如准备会议室、挂图和音像设备等。

（5）让会议主席和会议主持控制会议进程。对领导者而言，最好仅仅发挥一些指导性的作用，或单纯扮演观察员的角色。记录存在的问题，同时记录所有四种角色的详细情况，以便今后进行分析。如领导者觉得实在有必要进行干预，只要巧妙地发出信号就可以了。

（6）会议之后约见会议主席，询问其如何评价会议效果并坦率地提出问题，表明对其表现的关切与看法，征求他的意见以及讨论如何改进不足之处。

2.会议主持

（1）选定时间地点，约见会议主持。

（2）坦率地询问其对会议效果的评价，哪些方面是比较好的，哪些方面不太好，询问他将如何改进会议主题内容、次数、与会者的参与程度以及会议效率。

（3）对其成绩做出评价并提出改进建议。

3.计时员

（1）培养计时员调整会议进度以及控制时间的技巧。

（2）如果超时现象发生，计时员如何进行巧妙地干预。

4.记录员

（1）防止记录员书写错误或漏掉某些重要发言，如有上述现象发生，应当由会议主席或团队成员尽快予以纠正。

（2）如果仅仅是文字组织或技巧问题，可以就此提出一些建议。

（3）如果记录员跟不上会议节奏，可以鼓励他们在任何时候向会议主持发出信号。有时记录员可能无法决定如何记录，那么可让他接受会议主席的指导，会后再讨论会议纪要的内容问题。

建议团队领导者把训练成员担任会议职责看作发展领导能力和团队授权方面的投资。只要训练得当，领导者终将得到很好的回报。

关键点提示

培训团队会议的角色主要有以下四种：

1.会议主席；2.会议主持；3.计时员；4.记录员。

3.19 如何有效评估销售团队训练的效果

工作场景描述

当团队训练结束需要进行有效评估销售团队训练的效果时，可查看。

解读与分析

和其他的工作任务一样，团队领导者必须对团队的训练成果有一个明确的评估。以下是一些能帮助领导者察看是否达到训练目的的评价方法。

（1）训练之前，团队领导者问自己："我想让团队学会什么？我需要教他们什么？"这些问题很容易回答。

（2）团队领导者和团队讨论具体的工作目标和时间安排，直到所有人都知道接下来该干什么和怎么干时才结束训练。

（3）制订简单的后续计划，比如团队领导者告诉成员对他们的期望："一个星期后我们再试试，看大家做得怎么样。我希望你们都能做好而且不再犯我们已经指出的那些错误。"

（4）观察受训后有何不同？行为是否有改变？团队所需协助是否减少？出错比例是否降低？工作质量是否改善？目标与任务是否较易达成？其灵活性与变通性是否增加？如果团队业绩在实践中逐渐提高，那就是成功了。

（5）评估训练是否有用。想知道受训后工作绩效是否提高了，可以用一个简单的方法衡量，即训练后节省了多少工作时间。

团队领导者不要将训练成效与成员喜好混为一谈，追踪训练成果是否有效是很重要的。

关键点提示

评估团队训练效果应注意以下三点：

1.制订后续计划；2.观察受训前后有何不同；3.评估训练是否有用。

3.20　如何强化销售团队训练的效果

工作场景描述

当领导者需要强化销售团队训练的效果时，可查看。

解读与分析

有效的训练应当在训练之后及时巩固和加强，以确保成员完全掌握所学的内容。因此，在团队培训之后，领导者应当采取下列措施强化团队训练效果。

1.经常召开总结会

在培训结束几周后，领导者一定要召开团队总结会，以确保成员已经理解并能应用所学的内容。如果几个成员或全体成员都参加了培训，领导者可以与大家一起总结。如果有个别成员在掌握和使用所学内容上有些特殊困难，领导者也可以与他们单独进行交流。

2.培养积极心态

应当让大家以非常积极的态度看待培训："团队认为值得在我身上投资，教我新的技能以便给我新的任务，或者让我承担更多、更大的责任。"在团队中培养这种态度比较容易，但如果随后不让他们承担更多、更大的责任，这种态度就会逐渐消失。

3.分配更多的任务

一旦团队领导者教会了某位成员新的技能，就要给他机会来使用它。如果做不到这一点，事先就不要开展这项培训。不仅如此，领导者还应当告诉大家，使用他们所学的技能或知识是非常重要的。否则培训只是浪费资源，还会打击团队成员参与培训的积极性。

团队中的个人对培训应有的态度，并不能够完全通过自觉和自律来产生，需要领导者的有效引导，同时更需要配合相应的行动，来促成这种企业文化的形成。

关键点提示

领导者强化团队训练效果的措施有以下三种：

1.召开培训总结会；2.培养积极心态；3.根据培训分配新的任务。

第4章

薪酬制度设计常见问题

在现代市场经济中，薪酬管理是人力资源管理的一个重点，且对团队的竞争能力有很大影响。企业应开展市场薪酬调查，拟订薪酬结构，了解薪酬满意度，制订薪酬制度，恰当地运用客观、公正、公平、合理的薪酬方案奖励为团队做出贡献的员工，以便激励员工。这样做既有利于团队的发展，又能保证员工从薪酬中获得经济上和心理上的满足。

4.1 如何兼顾好薪酬设计的基本原则

> **工作场景描述**
>
> 当团队要兼顾好薪酬设计的基本原则时，可查看。

解读与分析

设计一个好的薪酬制度是销售团队能否长期运营的关键。除了管理制度、团队文化和团队精神等因素外，薪酬也决定了企业对人才的吸引力。如何设计一个好的薪酬制度呢？企业可参考下面的几个原则。

1.团队原则

在协作性的企业中，基于团队的奖励对组织的绩效具有十分重要的作用，使人们意识到只有团队协作，自己才能获益。尽管从激励效果来看，奖励团队比奖励个人的效果要弱，但为了促使团队成员之间相互合作，同时防止上下级之间由于工资差距过大导致团队成员间出现心态不平衡的现象，所以有必要建立团队奖励计划。

2.稳定性差异原则

月收入比较稳定的职位，采用相对的低薪；月收入波动性较大的职位，采用相对的高薪。收入模式必须让团队中的员工有足够的想象空间。

3.利益平衡原则

关系的融洽与和睦是建立在利益平衡基础之上的。团队与团队之间表现得比较明显，团队内部亦如此。构建团队内外一体的利益链平衡，是促进团队顺利发展、少受挫折的必要措施。团队利益最大化必须与团队稳健发展建立平衡关系，绝不能片面追求团队利益最大化而破坏这种平衡关系。既能够让团队利益最大化，又能持久保持团队稳健发展，才是团队的最佳选择。

4.奖勤罚懒原则

如果利益分配制度没有把握好利益平衡原则，则会出现“奖懒罚勤”的现象。长此以往，就会导致团队整体绩效下降。当团队整体绩效下降时，团队管理者应该仔细地检讨团队内部是否存在“奖懒罚勤”的现象。

5.跟随行情原则

人力资源薪酬行情基本上是比较平稳的。每年都会有一些职业成为行情的涨跌龙头，只要稍加留意就可以得到这些信息。薪酬水平偏低于行情，会导致员工离职率上升，不利于团队的稳定发展。如果偏高于行情，则会导致团队产生不必要的支出，不利于企业实现利益最大化的目标。企业应建立一套有利于人才表现与发展的团队薪酬管理机制。

6.对经营型管理人员的区别对待原则

越来越多的团队意识到经营型管理人员的重要性。在人力资源领域，经营型管理人员已经成为需要特殊对待的稀缺资源，人品与实际能力俱佳的经营型管理人员更是难觅。他们与其他类型人才的最主要差别在于其收入模式的独特性。现在，许多企业都向经营型管理人员提供“年薪+期权”形式的收入模式。

企业将薪酬按一定的等级设计，既突出有贡献者的高薪酬，又参考整体的市场趋势，让团队成员间的薪酬差异成为一种促进业绩发展的催化剂，让所有人都感到有奔头、有希望，这样的薪酬设计才是最合理的。

关键点提示

设计一个好的薪酬制度，要参考以下六个原则：

1.团队原则；2.稳定性差异原则；3.利益平衡原则；4.奖勤罚懒原则；5.跟随行情原则；6.对经营型管理人员的区别对待原则。

4.2　如何合理运用基本的薪酬模式

工作场景描述

当企业想合理运用基本的薪酬模式来为团队的长远发展奠定基础时，可查看。

解读与分析

企业应根据团队不同岗位的工作职责范围，设置以定量指标为主、定性指标为辅的考核指标体系，然后定期进行考核。考核结论作为个人月薪、年薪计算及职位升降的主要依据。同时，合理运用基本的薪酬模式，可以为团队的长远发展奠定良好的基础。在为一支销售团队设计薪酬和激励机制的时候，企业一般要考虑三个方面的问题。

1.销售模式与薪酬模式的对应

在运用薪酬模式时，首先要考虑销售团队所运用的销售模式到底是效率型还是效能型。这一点非常重要，它相当于给薪酬设计定下了基调。这个问题必须把握好，否则薪酬设计就会出现偏差，而不合理的薪酬设计会带来很多负面效果。因此，首先要考虑销售模式对薪酬设计及考核激励机制的影响。

2.市场策略与薪酬模式的对应

第二个制约薪酬设计的重要因素，就是企业的市场策略。企业在特定区域市场里采用的是什么样的策略？是希望销售人员都充满冲劲、尽快拿出业绩，还是希望销售团队稳步地去推广产品？这里面无所谓好与坏或对与错，关键是看企业怎么看待这个区域市场，采取什么样的策略。不同的市场策略对薪酬的设计有不同要求。因此，企业进行薪酬设计时，还必须考虑企业所采用的市场策略带来的影响。

3.适用条件与薪酬模式的对应

第三个需要考虑的问题，就是所设计的薪酬体系和制度是否符合企业财务的整体运行状况。同时还要考虑其他一些相应的因素。当然，对于大型企业来讲，针对销售团队的整个薪酬设计方向必须符合企业总的薪酬体系和考核激励机制。

4.动态薪酬

团队所有受聘人员的工薪，包括月薪与年薪，均应设定一定的浮动额度，然后实行薪酬与工作绩效考核得分动态挂钩。动态薪酬方式的突出优点是充分兼顾了团队劳动数量的投入与质量优劣的动态特征，实现了团队资本与劳动之间的等价、均衡利益交换关系，动态薪酬对转化团队利益矛盾、提高劳动效率、促进资本增值有重要意义。

5.超额利润共享

在团队员工的工作合同中，设定工资最低收益底线和业绩提成保留指标。在团队的整体资产能够保值的情况下，团队所得超额利润由资本、管理、技术、普通劳动等生产要素按合理比例构成。一般的比例设定原则是：以资本要素经营为主的团队，由资本占大头，管理、技术和普通劳动要素占小头；而对于以传播要素经营为主的团队，则由管理、技术和普通劳动要素占大头，资本要素占小头。

将团队劳动群体利益目标集中于团队资本增值这一总体发展目标之内，即团队在资本能够保值的前提下，所获超额利润越多，资本增值幅度越大，各方面所得利益（包括团队管理者、中层管理人员及普通销售人员的利益）均可得到相应的增加。这将有效地克服传统团队经营中薪酬模式不能适应销售活动的需要、不能体现市场变化等问题。

关键点提示

企业合理运用基本的薪酬模式有以下五点：

1.销售模式与薪酬模式的对应；2.市场策略与薪酬模式的对应；3.适用条件与薪酬模式的对应；4.动态薪酬；5.超额利润共享。

4.3　如何准确评估销售团队的整体薪酬水平

工作场景描述

当企业需要准确评估销售团队的整体薪酬水平时，可查看。

解读与分析

销售团队对销售生力军的考核和激励机制应该是公平、公开和公正的，要以一套完整的、合理的和系统化的制度来考核。销售生力军大多是年轻人，崇尚自由、平等，有目标，完善的考核和激发机制是容易被他们接受的。

（1）销售团队通过薪酬机制，将短、中、长期经济利益结合，促进企业与员工结成利益共同体。

（2）员工的职位等级、工作表现、潜力，以及劳动力市场状况等是决定员工个人工资的依据。

（3）外部劳动力市场的工资水平是确定企业工资标准的重要参考依据，销售团队根据不同岗位的特点，制订不同的工资结构，以最大限度地激发员工的工作热情。

（4）反对平均主义分配原则，工资分配适度向高职位、关键人才、市场供给短缺人才倾斜。

在销售团队的考核方面，虽然销售业绩是个很重要的因素，但并不是全部。销售团队对他们的考核还应该更多体现在以下方面：言语、行为举止方面的进步；沟通、协调、组织能力的提高方面；学习理论知识与实践经验的能力，并将两者结合运用的能力；对市场分析、活动策划、品牌塑造、渠道建设等方面独到的看法和认识；个人自我认识、自我评价方面的提高。这些虽然看上去很抽象，但是通过直接上司的评价、消费者的反馈、经销商和促销员的意见，是可以反映出来的。

关键点提示

企业准确评估销售团队的整体薪酬水平要做到以下四点：

1.通过薪酬机制将短、中、长期经济利益结合；2.员工的职位等级、工作表现、劳动力市场状况、员工的潜力等是决定员工个人工资的依据；3.外部劳动力市场的工资水平是确定公司工资标准的重要参考依据；4.工资分配适度向高职位、关键人才、市场供给短缺人才倾斜。

4.4 如何合理设计销售团队成员间的薪酬差距

工作场景描述

当企业准备合理设计销售团队成员间的薪酬差距时，可查看。

解读与分析

众所周知，销售团队成员间薪酬是应该有差异的，这种差异是从薪酬设计开始时就已存在的。一般情况下，企业设计销售团队成员间的薪酬差异应遵循以下几个原则。

1.团队行政管理人员工资中的固定部分比例应相对高一些

团队行政管理人员工资中的固定部分比例应相对高一些，而销售人员的工资中的固定部分比例应相对低一些，但销售人员可以从销售提成中取得薪酬以平衡这种差异。

2.重点考核和激励销售人员是关键的管理事项

销售人员是关键人才，对其如何考核与激励是销售团队的关键管理事项。管理是要花成本的，一般管理人员和不影响团队销售成绩的非关键人才，企业不必投入太多的精力去“科学管理”，这是一个原则。

3.应把年终涨薪的幅度在管理制度里做个明确的规定

销售团队应把对成员年终涨薪的幅度在管理制度里做个明确的规定。例如，对团队成员的绩效评价结果分为A、B、C、D、E五个等级，其中，考评等级为A的员工占员工总人数的10%，年终涨薪幅度为15%；考评等级为B的员工占员工总人数的60%，年终涨薪幅度为10%；考评等级为C的员工占员工总人数的10%，年终涨薪幅度为7.5%；考评等级为D的员工占员工总人数的10%，年终涨薪幅度为5%；考评等级为E的员工占员工总人数的10%，年终涨薪幅度为0。

4.视员工的表现决定年终的涨薪

在销售团队员工的薪酬结构中，通常还有奖励这一部分。年终涨薪是全部员工普遍享受的待遇，但奖励，不一定每个员工都有资格享有。能否获得奖励，要视员工的表现而定，关于这一点，和年终涨薪一样，也要在制度里制订相关的规则，并通过员工的绩效考评进行确认，使团队奖优惩劣的承诺得到体现。

在以上的原则基础上，销售团队还可以根据自身实际情况采取一些其他方式来设计薪酬体系。销售团队必须认识到的一点是，差异是必须存在的，它反映了不同岗位待遇的区别，也是对个人贡献的一种认可方式。

关键点提示

企业合理设计销售成员间的薪酬差距需做到以下四点：

1.行政管理人员工资中的固定部分比例应相对高一些；2.重点考核和激励业务人员是关键的管理事项；3.应把年终涨薪的幅度在管理制度里做一个明确的规定；4.视员工的表现决定年终的涨薪。

4.5　如何针对不同的销售模式设计薪酬模式

工作场景描述

当团队准备针对不同的销售模式设计薪酬模式时，可查看。

解读与分析

对员工的贡献给予相应的回报，可以激励并留住员工，而保证薪酬在劳动力市场上具有竞争性，更可以吸引优秀人才，这些都涉及薪酬模式的选择。企业需要注意下列不同销售模式下薪酬设计的区别。

1.交易型销售团队

在交易型销售中，其重点是促成交易的进行，不管是就销售团队还是就团队成员而言，都是追求一种当前型的利益。对于这种团队而言，人员流动性大小是和业绩要求的高低成正比的，所以，销售团队应采取更多的经济性薪酬来回报他们的贡献。

2.顾问型销售团队

在顾问型销售中，销售人员可以通过解答咨询为团队做出贡献，对业绩的追求是从长远的角度出发来看待的，所以，顾问型销售团队更希望自己的成员能长期为团队效力。顾问型销售人员的培训周期和使用周期是比较长的，所以顾问型销售团队应采取更多的非经济性薪酬来回报销售人员的贡献。

3.企业型销售团队

企业型销售团队的活动都是围绕企业的长远发展规划而展开的。但显而易见的是，企业希望自己的销售团队既充当交易员为企业创造经济财富，也希望自己的销售团队充当顾问员为企业创造影响财富（企业形象和品牌价值）。所以，企业型销售团队中既要有交易型销售人员，又要有顾问型销售人员，或者是销售人员既拥有销售员的身份，又拥有顾问员的身份。所以，顾问型销售团队应采取经济性薪酬和非经济性薪酬相结合的方式来回报销售人员的贡献。

薪酬体系以特有的方式改变了销售团队的精神面貌，改变了雇主与员工的关系以及企业的竞争力和活力。薪酬体系在企业发展的过程中扮演着重要角色。在实际使用中，企业应更多地考虑销售团队的实际情况，制订出切实可行的薪酬方案来。

关键点提示

针对不同的销售模式设计薪酬模式要考察以下三个方面：

1.交易型销售团队应采取更多的经济性薪酬来回报团队成员的贡献；2.顾问型销售团队应采取更多的非经济性薪酬来回报销售人员的贡献；3.各企业型销售团队应采取经济性薪酬和非经济性薪酬相结合的方式来回报销售人员的贡献。

4.6　如何针对不同的销售策略设计薪酬模式

工作场景描述

当销售团队准备针对不同的销售策略设计薪酬模式时，可查看。

解读与分析

团队薪酬是促进团队合作的一大因素。这种薪酬或者是物质上的，或者是采取被团队成员认可的形式给予。如果成员们对薪酬评价较高，目标对员工来说并非高不可攀，而且这些薪酬是根据小组表现来评定的，这时薪酬的激励效果最显著。

经济的薪酬分直接薪酬和间接薪酬两种。

（1）直接薪酬：包括奖金、提成、佣金、加班费、倒班费，以及午餐、交通、电话等各种补贴，年底的双薪，股票的红利等。

（2）间接薪酬：包括保险计划、员工服务、教育储蓄、退休金的补充计划、带薪休假、免费咨询、缺勤支付、病假支付、免费使用休闲设施、托儿中心等。

非经济的薪酬又分为成果型和过程型两种。

（1）成果型：包括成就感、胜任感、发展机会、影响力等。

（2）过程型：包括提供有挑战性的机会、弹性的工作时间等。

不同市场策略对薪酬设计的具体要求不同。下面从底薪、提成、综合奖励和考核倾向这几点来具体分析几种市场策略下对薪酬设计的不同要求。

1.“闪电战”

“闪电战”的市场销售策略是以快速销售为目的，要求团队设计的底薪比较低、提成比较高、综合奖励比较少、考核倾向重结果。所谓重结果，也就是考核的侧重点放在是否卖出产品与是否收回货款上，至于中间的销售过程，公司不进行太多干预。既然“闪电战”的市场销售策略只重结果，那么提成就必须定得比较高，以保证对销售人员的激励度。

2.“阵地战”

“阵地战”的市场销售策略是要以稳定市场占有率为目的，对薪酬设计的要求有所不同。由于要求销售人员具备一定的素质，底薪不能太低，应该适中；提成一定不能太高，否则销售人员容易陷入对短期利润的追求；综合奖励应该定得比较高；考核倾向比较注重过程，宁可让产品的销售速度和市场增长速度慢一点，也要把过程控制住，使客户群体认可企业以及销售人员本身，从而为以后的推广工作做准备。

3.“攻坚战”

“攻坚战”的目的是要开拓新的市场，这就要求底薪必须定得比较高。所以“攻坚战”对销售人员的薪酬成本要求往往是最高的。由于市场竞争激烈，如果设计的底薪不高，就很难招来优秀的业务人才。此外，提成也不能太低，应该适中；综合奖励也要适中，通过综合奖励来提供一定的支持力度；考核倾向方面，“攻坚战”的市场销售策略要求是最高的，它要求过程和结果并重——既要求遵循规范的流程，又要求把产品卖出去并收回货款。

4.“游击战”

“游击战”的市场销售策略常用于处理积存等情况，要求底薪适中；提成一定要比较高，以便刺激“游击队员们”努力“攻城夺寨”；综合奖励很少，在这种“战法”下，基本上就没有综合奖励；考核则主要倾向于结果。因为在激烈的市场竞争中，“游击战”的市场销售策略提倡“八仙过海，各显其能”的运作方式，所以在考核上要特别注重结果。

按照不同情况，设计薪酬可以分别按照上面的思路进行。

关键点提示

团队设计薪酬制度应该分四种情况而定：

1.“闪电战”要求底薪比较低，提成比较高，综合奖励比较少；2.“阵地战”要求底薪不能太低，提成不能太高，综合奖励较高；3.“攻坚战”要求底薪定得比较高，提成适中；4.“游击战”要求底薪适中，提成较高。

4.7　如何设计一般销售人员的薪酬制度

工作场景描述

当团队准备设计一般销售人员的薪酬制度时，可查看。

解读与分析

传统薪酬设计的原则有公平性、适度性、安全性、认可性、平衡性、刺激性、交换性和成本控制法等，总体来说更多关注的是员工个人对薪酬的要求以及可见薪酬的激励作用。薪酬体系同时还体现的是组织内部一整套全新的价值观和实践方法。企业在设计一般销售人员的薪酬制度时，要分情况决定。

1.基本工资的设计

业务型销售采取以成本利润为基础的返点模式，采取个人激励，以季度为考核周期；项目型销售采取的是以目标绩效为基础的年薪制，采取集体激励，以项目周期为考核周期。

2.奖金的设计

奖金的设计可以通过以下步骤来完成。

（1）从企业利润中，拿出一定额度作为每个季度的奖励基金。由于每个季度的盈利状况不一样，因此奖励基金的规模也随之不同。通过这一点向员工们表明，企业的经营是有周期性的，他们个人得到的奖金额度也要随之变化。

（2）员工在奖励基金中的份额取决于个人工资占全部员工（即有资格参加该激励计划的所有员工）工资总额的比例。

（3）根据员工个人绩效评级结果分配该员工的奖金份额。

（4）根据奖金份额比例计算个人奖金份额的百分比，这个百分比和奖励基金总额的乘积就是该员工的实际奖金金额。

（5）销售经理私下给员工签发奖金支票。

3.可变薪酬设计

可变薪酬设计非常适合销售团队的工作模式，同时也与大多数有业绩贡献的销售人员的期望相一致，采用可变薪酬设计需要做到以下两点。

（1）使薪酬体系与企业经营战略、人力资源战略相一致。

（2）使薪酬至少部分反映组织业绩。

随着时代的发展，现代销售团队有必要建立基于团队的奖励而非针对个人的奖励机制。同时需要指出，当物质刺激达到一定程度的时候，人的满足感是会逐渐递减的，企业激励的作用也会随之逐渐减弱，所以现代管理心理学要求企业更多从内在的心理上去激励员工。因此，现代企业更应该重视附加报酬和隐性报酬等员工内在的心理需求。

4.按实际表现来支付薪酬

按实际表现来支付薪酬是有效薪酬支付体系的一个基本原则。好的薪酬计划一定是公平的，支付不与业绩挂钩、不公平往往是薪酬计划失败的重要原因。如何使薪酬更公平，许多企业试图先使评估做得更合理、更科学，充分考虑企业部门之间的特殊性。不少企业采用了360度绩效考核办法，上级、下级、客户、跨部门同事和同部门同事互相评估。

一个销售团队的组织结构设计，往往与员工薪酬结构、绩效目标的变化相一致。工资奖金的变化，应为企业战略和新的管理模式服务，尤其对于一线销售人员而言，他们的薪酬直接关系到他们为团队工作的信心和成效。

关键点提示

团队设计一般销售人员的薪酬制度需要注意以下四点：

1.基本工资的设计；2.奖金的设计；3.可变薪酬设计；4.按实际表现来支付薪酬。

4.8　如何设计销售经理的薪酬制度

工作场景描述

当企业准备设计销售经理的薪酬制度时，可查看。

解读与分析

针对销售经理的薪酬设计，需要一套量身定做的工资奖金方案。首先，对销售经理的基本工资按照工作完成情况进行不同幅度的调整；其次，应设计一些人性化的、有针对性的奖励。设计销售经理的薪酬制度时，企业可以遵循以下原则。

1.工资激励政策不宜经常变化

对销售经理的工资激励政策不宜经常变化，特别是在考核周期内，要做到说话算数。

2.将现金性薪酬和非现金性薪酬结合起来运用

一些企业专门为销售经理的家属提供特别的福利，例如在节日之际邀请家属参加联欢活动、赠送企业特制的礼品、让销售经理和家属一起旅游、给孩子们提供礼物等，让销售经理感到特别有面子。领导赠送的两张音乐会票、一盒化妆品，常会让销售经理激动万分。

3.采用菜单式福利

对企业而言，福利是一笔庞大的开支（在外企中能占到工资总额的30%以上），但对销售经理而言，其激励性不大，最好的办法是采用菜单式福利，即根据销售经理的特点和具体需求，列出一些福利项目，并规定一定的福利总值，让销售经理自由选择，各取所需。这种方式区别于传统的整齐划一的福利计划，具有很强的灵活性，很受销售经理的欢迎。

4.让销售经理参与薪酬制度的制订

销售经理与销售团队都有其特定的目标指向。销售经理参与某个组织是为了实现自己的目标，而组织目标的形成必然压制销售经理目标的实现。就薪酬而言，销售经理和企业组织都有各自的薪酬目标。销售经理希望通过获取高额报酬来实现自己的价值，而企业组织为了有效利用资源和降低运转成本，希望以较小的投入换取较大的回报。所以，管理层在制订薪酬制度时，有必要进行上下级相互沟通和协调，让销售经理参与薪酬制度的制订，找到劳资双方都满意的平衡点。

劳动报酬是基于人力资源成本与员工需求之间进行权衡后得到的公允的劳动力价值。最佳的绝对公平的薪酬制度是不可能存在的，让每个销售经理都能满意的理想薪酬制度也是没有的，现代企业所要建立的是一种大多数人能够满意又能保证企业利益的双赢的薪酬制度。

关键点提示

设计销售经理的薪酬制度要参照以下四条标准：

1.工资激励政策不宜经常变化；2.将现金性薪酬和非现金性薪酬结合起来运用；3.采用菜单式福利；4.让销售经理参与薪酬制度的制订。

4.9 如何设计业务竞赛中的奖励制度

工作场景描述

当企业准备设计业务竞赛中的奖励制度时，可查看。

解读与分析

企业在设计业务竞赛中的奖励制度时，应该更多地满足员工迎接挑战的需要，激励朝着某个方向努力。企业需要告诉员工，对所有人一律平均反而是不公平的，因为不同的人具有不同的需要，他们对企业的贡献也各不相同，而他们所能得到的奖励就是依据这些贡献所得出的。企业设计业务竞赛中的奖励制度可以采用以下方式。

1.灵活的薪酬体系

复杂的计分制评估系统曾经盛行一时，但它具有两个重要不足。一是，它会鼓励销售经理建立多层次的管理方式；二是，它妨碍销售经理运用薪酬规则，针对不同的人和不同的情形灵活处理。在业务竞赛中，团队的薪酬设计可以按如下方式行事：

（1）付给员工的薪酬可以突破企业规定的上限；

（2）给予薪酬超过团队平均值员工的加薪幅度应高于平均值以下的员工。

2.不再规定奖励级别和范围

目前没有任何研究表明员工满意度与企业的奖励级别和范围有必然的联系。所以，在业务竞赛中，可以不再规定奖励的级别和范围。

3.摒弃正式的业绩考评项目

在业务竞赛中，应该摒弃传统的业绩考评制度，采用与员工共同承担业绩改进的制度。在这种原则下，销售经理会与员工一起工作以建立业绩目标，并指导他们。

4.员工参与设计奖励方式

用不计名的方式让员工提出各种意见和建议，然后将员工的各种意见用图表结合数据的方式汇总起来，找出那些影响员工工作效率的因素。针对这些因素加以分析，结合外部市场的研究，制订出员工可以接受的团队奖励办法。这种奖励和同类团队中员工工资相比，能最大限度地满足员工的心理需求和预期。

成熟企业需要认识到，奖励制度并非一门永恒不变的科学，而是一种加以良好的判断力就能得到充分利用的管理工具。所以，变化的、有新意的奖励措施对员工的激励作用是非常强的。

关键点提示

企业设计业务竞赛中的奖励制度可以采用以下四种方式：

1.灵活的薪酬体系；2.不再规定奖励级别和范围；3.摒弃正式的业绩考评项目；4.员工参与设计奖励方式。

4.10 如何设计特殊情形下的薪酬制度

工作场景描述

当企业准备设计特殊情形下的薪酬制度时，可查看。

解读与分析

影响企业薪酬水平的特殊情况有多种。从企业外部看，国家的宏观经济、通货膨胀、行业特点和行业竞争、人才供应状况甚至外币汇率的变化，都对薪酬定位和工资增长水平有不同程度的影响；在企业内部，发展阶段、盈利能力和支付能力、人员的素质要求等是决定薪酬的关键因素。在一些特殊情况下该如何实施薪酬制度？薪酬设计的要点永远在于“对内具有公平性，对外具有竞争力”，企业应该根据不同情况，遵循不同的薪酬制度设计原则。

1.销售项目执行期间

当今很多企业给业绩好的员工高工资，给业绩差的员工低工资。他们的工资差别巨大。但是，在一些特殊情况下，这种策略需要改变，例如在销售团队执行销售项目的时候，对于有良好业绩的销售项目，应按照项目来奖励所有参与的人，而不是按照传统的方式只奖励两个典型销售员。

薪酬制度：奖励良好业绩销售项目的所有参与者。

2.促销活动期间

尽管从激励效果来看，奖励团队比奖励个人的效果要弱，但为了促使团队成员之间相互合作，同时防止上下级之间由于工资差距过大而出现心态不平衡的现象，所以有必要在促销活动期间加大整个团队的奖励比例。

薪酬制度：重视对团队的整体奖励。

3.特殊困难时期

在销售团队的一些特殊时期，例如，企业运营陷入困境、财政出现危机、攻坚任务面临困难时，团队领导必须具有坚强的意志，让员工的薪酬与他们要实现的目标挂钩。必要的时候，即使对于薪酬中的基本工资，也要一定幅度地与工作表现挂钩。

薪酬制度：薪酬责任制。

4.员工对薪酬制度不满时

例如，团队的整体薪酬水准低于市场一般水准时，员工可能会集体表示对薪酬制度的不满，在这种情况下，可以采用以下四种方式解决。

（1）集体洽谈模式。集体谈判中最重要的内容之一便是工资谈判。当然，集体谈判既有销售团队销售员与管理者的谈判，也有行业工会代表与管理者代表的谈判。

（2）专家咨询设计。由专家参与设计的薪酬模式一般能较好地理解市场动态，避免劳资关系紧张，同时对企业稳定人心的作用巨大。但专家设计的成本较高，如果企业的职工较多，则人均成本较低，使用这种模式就比较可取。

（3）个别洽商模式。即在团队总体原则初定的情况下，团队对特定员工（常常是关键人物）的一种协商方式，所谓“上不封顶”，即对某一职位或某一段时间就某一个人的特殊情况进行洽商的行为。这种情况称得上是“随机应变”，但也可能“杂乱而无序”。

（4）综合设计模式。即综合采用上述多种方式，使之更贴近实际，同时又能很好地解决市场、职工、关键人物等诸多方面的问题。但这种方式耗时费力，成本高昂。虽然取得的结果可能从理论上讲是皆大欢喜，但究竟何时能稳定“成型”为一种模式，则难以确定。

通过对特殊情形下的薪酬制度的讨论，销售经理应更早一步地认识到销售不同于其他行业的特点，即不稳定性、人员素质的差异性、工作时间的不确定性、工作任务的非周期性。所以，企业对销售团队的管理实际是一种动态的适应性活动，特殊情形下的薪酬制度正是这种适应性的体现。

关键点提示

企业设计特殊情形下的薪酬制度，应遵循不同的原则：

1.销售项目执行期间的薪酬制度：奖励良好业绩的销售项目的所有参与者。

2.促销活动期间的薪酬制度：重视对团队的整体奖励。

3.特殊困难时期的薪酬制度：薪酬责任制。

4.员工对薪酬制度不满时的薪酬设计可以采用：（1）集体洽谈模式；（2）专家咨询设计；（3）个别洽商模式；（4）综合设计模式。

第5章

销售团队成员激励常见问题

激励是一种有意识的决策，这种决策引导着销售经理们确定明确的目标，让员工以积极的态度来工作。确定让员工坚持工作的动机，明确激励员工绩效的规则，判断产生绩效问题的根源，并在此基础上使用适当的方法来激励员工更好地工作，有助于更好地发挥员工的潜力，为企业和团队的发展创造不可估量的财富。

5.1 如何确定激励的前提

工作场景描述

当企业要确定激励的前提时，可查看。

解读与分析

激励是一种精神力量或状态，起到加强激发和推动的作用，并且指导或引导行为指向目标。激励机制是企业将其远大理想转化为具体事实的方式之一。下面的三种方式可以作为激励的前提。

1.让员工参与销售的所有流程和环节

彻底打破金字塔结构，让员工认识到只有合作才能共赢。在工作中建立平等关系更为重要，团队的成员之间需要的是没有障碍的平等交流，要尽可能消除阻碍合作的因素。如果不能做到这一点，也要认识到合作的重要性，尽量让员工参与销售流程的所有活动。

2.应将员工视为个人而非整体

永远记住要尊重员工，肯定员工的重要性。先肯定员工个人的独特性，再肯定他们企业员工的身份。虽然销售团队是以集体的面貌出现的，也随时随地强调团队精神、团队利益和团队目标，但是，请不要忘记，团队是由一个个的个体组成的。在进行激励之前，销售经理需要明白的是，自己要激励的是个人，而非团队本身。个人得到激励后，能更好地发挥出自己的优势，整个团队也就能发挥出优势。奖励的是个人，得到实惠的是团队，可以说是一种双赢。但是，如果只激励团队，不激励个人，即使只有一个人因为某种原因出了问题，整体销售团队也肯定发挥不出优势。

3.对表现卓越的员工一定要给予奖励、肯定和赞赏

每个人都希望获得他人的赞许。只要销售人员表现卓越，销售经理就会发自内心地给予奖励、肯定和赞赏。这样一来，销售人员的工作积极性会进一步提高。

最后，需要注意的是，在进行激励之前，销售经理还需要调整自己的状态。确切地说，领导所表现出来的状态本身就是一种很微妙的影响因素，当领导面带微笑看着自己的员工时，他们已经受到激励了。

关键点提示

确定激励的前提包括以下三点：

1.让员工参与销售的所有流程和环节；2.应将员工视为个人而非整体；3.对于员工卓越的工作表现一定要给予奖励、肯定和赞赏。

5.2 如何通过巧妙的薪酬设计激励销售团队成员

工作场景描述

当想通过巧妙的薪酬设计激励销售团队成员时，可查看。

解读与分析

巧妙的薪酬设计是对员工的一种非常有效的激励方式。虽然在前面已讨论过薪酬设计的问题，但是这里仍然要进一步说明。作为团队的管理者必须知道，薪酬也是激励团队成员的一种方式，在使用这种方式时，需要做到以下几点。

1.给员工相当的报酬

要给员工与其能力相匹配的报酬以奖励他们的勤勉。但岗位安全、人身安全都得不到保障的工作，不可能激发销售人员的工作热情。

2.稳定大多数员工的收入

在必要支持的因素中，薪资是稳定销售人员最核心的因素。如果销售人员的薪资不合理，销售人员的工作热情就不会很高；相反，合理的薪资可以调动销售人员的工作积极性，激发他们的工作热情。

3.落实福利

福利包括国家规定的五项基本保险、企业额外的商业保险、额外的补贴和带薪休假等。福利水平的高低也会影响销售人员的工作热情，好的福利能够激励销售人员努力工作。

4.对比公平感

对比公平感，对销售人员的工作积极性也会产生影响。例如在一个销售部里共有5位销售人员，销售经理在工作上要对团队成员一视同仁，不能偏袒任何一位，要让团队成员感觉到自己的付出和所获得的报酬能够平衡。

其实，合理而科学的薪酬对于任何人来说都是最好的激励，大多数人工作的目的就是为了获得回报。所以，不管销售经理如何改变薪酬的发放方式，切记，决不可借故克扣，这一点非常重要。

关键点提示

通过巧妙的薪酬设计激励销售团队成员要做到以下四点：

1.给员工相当的报酬；2.稳定大多数员工的收入；3.落实福利；4.对比公平感。

5.3　如何通过业绩竞赛来激励销售团队成员

工作场景描述

当企业想通过业绩竞赛来激励销售团队成员时，可查看。

解读与分析

企业通过举办业绩竞赛的方式也可以达到激励团队成员的目的。设计业绩竞赛不仅要力求公平公正，还要兼顾各种实际情况。

1.交替或综合使用多种激励手段

由于激励手段具有局限性，所以在采用业绩竞赛这一手段时，除了尽量做到公正合理、择优晋升外，还应同时采用货币、精神等其他多种激励方式，形成多种激励手段有机搭配、功能互补的体系。

2.创造良好的竞赛环境

所有的团队成员都具有不同的竞争优势，为了鼓励并发挥他们的才智，销售团队应该充分尊重他们、信任他们，为其创造良好的竞赛环境，使其潜能得到最大限度的发挥。

3.竞赛结果纳入工作成绩

销售团队举办一次业绩竞赛，让销售人员在特定的时间段内比赛销售成绩，当业绩竞赛结束后，不仅要对参与者进行奖励，还可以将竞赛结果纳入其工作成绩中。这样，销售人员会提高对业绩竞赛的重视程度，也就达到了激励的目的。同时团队要通过以人为本的管理方式，在业绩竞赛的过程中培育有特色的企业文化，使员工的需求借助企业的不断发展得到更多满足，从而稳定员工队伍，吸引更多的外部人才加入团队。

关键点提示

企业通过业绩竞赛来激励销售团队成员要做到以下三点：

1.交替或综合使用多种激励手段；2.创造良好的竞赛环境；3.竞赛结果纳入工作成绩。

5.4 如何采用奖励方法来激励团队成员

工作场景描述

当管理者需要采用奖励来激励团队成员时，可查看。

解读与分析

所有销售人员都乐于得到奖励，会被奖励所吸引而发奋工作。采用奖励的方式来进行激励是管理者最擅长的激励手段。这些方法包括以下几点。

1.提供成长晋升空间

广阔的成长晋升空间，可以激励销售人员努力工作。大企业提供晋升空间比较容易，因为大企业不断有新的产品出来。小企业的成长晋升空间相对较小，但也可以通过薪酬的设置来提供成长晋升空间，例如在企业里设置不同级别的薪酬，也可以使销售人员感到有成长的空间。

2.提升个人及团队荣誉感

个人和团队的荣誉感对销售人员有很大的激励作用，尤其在以效率为导向的销售团队里，这种激励方式的作用更大。每个月评选出销售标兵或销售状元，并把他们的照片贴在企业的醒目位置，这样对他们会产生很大的激励作用。

3.休息调整

文武之道，讲究一张一弛，工作也是如此。人是血肉之躯，而不是一台工作机器，需要休息调整。合理地安排销售人员休息调整，用更多的休息调整时间奖励优秀销售人员，可以让销售人员充满活力。一般来说，在紧张工作一段时间后，一定要安排适当的时间让销售人员休息调整一下。

4.办公条件优化

糟糕的办公条件，即使工资很高，也很难留住人才。只有完备的办公条件、舒适的办公环境，才会吸引销售人员。

还有更多的奖励方法需要销售经理在实践中探索，只要在既能提高本企业销售人员的积极性，又不损害企业利益的前提下，都可以采用。

关键点提示

销售经理采用奖励来激励团队成员时，可以使用如下方法：

1.成长晋升空间；2.个人及团队荣誉感；3.休息调整；4.办公条件优化。

5.5 如何防止恶性的业绩竞争

工作场景描述

当想防止恶性的业绩竞争时，可查看。

解读与分析

销售团队是由一个个销售人员组成的，他们每个人都有自己的思想和处事原则，让他们把自己最优秀的一面展现出来，并防止销售人员间恶性的业绩竞争，可以参考以下几点。

1.要广开言路

销售人员对市场的看法、对企业的看法都是非常有代表性的，销售经理应广开言路，认真倾听他们的心声，有选择地采纳，然后进行相应的表扬和鼓励，对需要改进的方面，要及时改进。同时，对他们在业务方面出现的冲突，也要及时协调处理。这样会让销售人员感觉实现了自身的价值，否则他们会认为自己的行为是不受限制的，很容易造成互相之间的业绩竞争。

2.市场定位要切合实际

作为销售团队的管理者，必须要对自己的市场有一定的了解。有些人通常认为管理人员的任务就是日常管理、目标分解、执行督促、结果汇报，实际上这样的理解是不全面的。对销售工作而言，永远要重视市场的情况。例如，在一个没有销售潜力的市场分配过多的销售人员时，就很容易发生业绩的恶性竞争，所以，市场定位要切合实际。

3.奖励合理

奖励的合理程度也会影响业绩竞争的激烈程度。如果有很吸引人的超额提成奖励，试问哪个销售人员会无动于衷呢？当互相间的比拼到了白热化的程度时，恶性的业绩竞争往往会发生。

4.审视你的目标和期望

管理者不要设立不切实际的目标，应对自己的未来做合理的期望，认真分析对员工的期求，考虑施加给他们的压力是否过大。当管理者的要求高于员工的实际能力的时候，很容易产生恶性的业绩竞争。

更多的时候，销售团队是不会发生恶性的业绩竞争的，尤其是有良好管理制度的团队。但是，如果管理者处理事件不公正，就可能诱发恶性的业绩竞争，所以，加强销售团队管理者的素质是避免恶性业绩竞争的更有效方法。

关键点提示

防止恶性的业绩竞争需要做到以下四点：

1.广开言路；2.市场定位要切合实际；3.奖励合理；4.审视你的目标和期望。

5.6 如何利用晋升制度激励销售团队成员

工作场景描述

当想利用晋升制度激励销售团队成员时，可查看。

解读与分析

在组织形式为阶梯式的组织结构中，企业员工又被分成多种职务，各种职务在等级化的组织结构中排成序列，构成了职位体系，由于职位的数量越到上层越有限，组织内部就需要评估员工是否应晋升到更高的职位上去。因此，晋升制度是否科学合理显得至关重要。它能影响团队的组织结构和生命力，也是激励销售团队成员的一种方式。利用晋升制度激励团队成员可以参考以下两点。

1.创设有利于人才发挥专长的文化环境

一家企业能否真正留住人才，能否让人才发挥专长，与企业的文化氛围关系密切。

企业领导者要带头在企业里树立尊重人才、理解人才、关心人才的良好风气，并制定利于人才成长的各项政策。企业领导者要多与人才进行沟通，了解他们的所思所想，解决他们的后顾之忧，从而使各类销售人才安心工作。对于这种文化氛围，企业既要着眼于建立，又要着眼于维护，要努力长期保持下去。

2.要为人才设计一个完备的事业发展阶梯

优秀的销售人才非常重视自己在一家企业长期的发展前景。如果他看不到自己的职位提升与企业发展，那么他在这家企业长期留下去的可能性就不会很高。企业领导者要善于订立科学的目标，使有关人员只有通过努力才能达到，以便发掘他们的所有潜能。当然，随着人才的不断成长和能力的不断提高，事业发展的阶梯和目标须加以调整。

另一方面，企业领导者利用晋升制度激励销售团队成员不能只成为一张“空头支票”。当大家看到提升不可实现时，所有基于晋升制度的工作动力都会消失，这样会给销售团队带来十分恶劣的影响，让团队成员对企业领导者失去信任。因此，利用晋升制度激励的方式要谨慎使用。

关键点提示

利用晋升制度激励销售团队成员可以参考以下两点：

1.创设有利于人才发挥专长的文化环境；2.要为人才设计一个完备的事业发展阶梯。

5.7 如何激励无提升机会的员工

工作场景描述

当想激励无提升机会的员工时，可查看。

解读与分析

一名优秀的人才加入销售队伍中来，并且能够在工作中不断得到提高，但如果企业不能给予有效的激励，不能在需要提升的时候给予提升，那么企业对这类人才的投资与收益则不能成正比。当然，这可能是因为竞争者太多，或者是现任领导班子不需要更换。不管怎样，如果销售经理感到销售人员的提升机会非常渺茫，应该从以下几方面做出调整。

1.制订合理的酬赏制度

一个人在考虑事业发展的同时，也一定会考虑到现实的一面：自己的付出与得到的报酬是否成正比。如果员工感到不公平，就可能给工作带来负面影响。企业在销售活动中如何分配报酬很有学问，如果不能提升一名优秀的销售员，但又希望他能继续留在团队效力，提高报酬对企业来说是一种很好的策略。过低的报酬无法留住优秀人才，提高报酬可以转移员工对自己无法向上提升的注意力。

2.学会有效地淘汰人员

如果企业引进的销售人才比较优秀，那么淘汰人员就不是一个突出的问题。但问题是企业的销售队伍中难免会混进一些素质不佳或能力平庸的人。对此，企业领导者必须慎重而果断地进行处理。当然，如果一些人才确实对企业不满意，也要允许他们离开，有进有出，才符合人才引进和发展的规律。

如果销售人员提升的机会渺茫，从另一方面说明团队的人才结构可能已经滞胀，这一点也需要引起管理人员的重视，合理的人才结构并不是将所有的职位都安置为高级人才。

关键点提示

当团队成员提升机会渺茫时，企业需要做到以下两点：

1.制订合理的酬赏制度；2.学会有效地淘汰人员。

5.8 如何解决优秀员工太多，晋升名额有限的矛盾

工作场景描述

当同时面对多名优秀员工而晋升名额有限时，可查看。

解读与分析

企业主管同时面对多名优秀成员时，需要权衡利弊，综合考虑晋升哪一位。为了让企业的职位晋升制度更有利于企业的发展，可以从以下几个方面考虑。

1.静态方案

（1）企业的主管人员在人才的选拔上要有战略眼光。企业的职位晋升不仅是一种奖励手段，而是要为企业未来服务的。职位晋升不仅是对过去的总结，更是要找现在与未来之间的某种联系，企业主管从对员工的长期观察中了解、确定哪一种人才是企业真正需要的“千里马”。企业主管不能单纯根据目前的成绩决定取舍，要具有一定的胆识气魄，不拘泥于传统的思维方式，在人才的录用上大胆创新。

（2）企业要改变把职位晋升作为短期聘用和单纯升迁的权宜之计的思想，要从系统的角度看待整个人才选拔过程，将人才的预测、规划和发展与企业的长远发展战略结合起来，形成人力资源的长期战略规划。职位晋升制度作为这一动态过程的一个组成部分，应符合其特定需要。具体来说，企业应根据未来的发展需要设立人才储备库，根据储备人才的潜质和需要辅以适当的培养方法，并在需要的时候结合适当的考评方法最终确定合适的人选。

在具体操作中可以按以下程序进行：企业根据需要制订出一定时期内的用人计划，包括数量及素质要求，用于充实现有岗位和企业发展中的新增岗位，然后对所有员工（包括已有和新录用的员工）的技能及潜质进行测评，确定在某一方面具有发展潜力的员工进入人才储备库。这方面测评可以采取笔试、口试和观察等方法进行。

2.动态方案

动态方案是以改善员工技能为着眼点进行培训。这种培训也是全方位的，它将人才划分为三个不同的层次：基层操作人员、中层管理者和高层管理者。企业对这三类人员的技能培训要求各不相同，例如对基层操作人员培训侧重于操作技能和具体的工作方法；对中层管理者侧重于基本管理技能和管理方法；而高层管理者则侧重于战略抽象能力。健全的培训体系能够伴随员工走过整个职业生涯，从新员工培训（企业文化的教育以及基本劳动技能、管理方法的训练）到晋升管理职位时的管理训练，再到对高层管理者领导能力、决策、战略观念的训练，构成了一个连续的体系。

还有一个可行的办法是让进入选拔视野的员工进行工作轮换，每隔一段时间更换一个不同类型的工作。这虽然对工作效率有所影响，但对于员工寻求合适的职位方向，加深员工对企业的了解，以及企业考察员工的潜质，为员工规划日后的晋升路径都是很有帮助的。通过工作轮换，不仅可以为企业储备大量训练有素的后备力量，减少人员的流动及素质下降给企业带来的冲击，而且还可以让员工对号入座，提高工作绩效，这对企业和个人都是有利无害的。

关键点提示

面对多名优秀成员而不知提升谁，企业可以从以下两个方面考虑。

1.静态方案：（1）在人才的选拔上要有战略眼光，不能单纯地根据目前的成绩决定取舍；（2）从系统的角度来看待整个人才选拔过程，将人才的预测、规划和发展与企业的长远发展战略结合起来，形成人力资源的长期战略规划。

2.动态方案：将人才划分为不同层次，以改善员工技能为着眼点进行培训。

5.9 如何通过适度授权激励销售团队成员

工作场景描述

当想通过适度授权激励销售团队成员时，可查看。

解读与分析

许多销售经理都不太愿意授权，但有效授权却是一件很重要的事。原因可能是，新手主管尚未有过授权的经验，同时也不太愿意把自己有特权做的事委托给别人。作为管理人员，应该认识到通过适度授权可以激励销售团队成员。

1.决策基层化

在优秀的销售团队中，市场决策的权利能够尽可能向下授权，由基层人员根据市场的实际状况进行决策。在实际运作中，销售人员越是在基层，越是贴近现实的市场，就越是了解市场的实际状况，决策的速度及效率也会越高。当然，销售团队推广决策基层化的过程必须充分体现高效原则。也就是说，这个过程必须以团队决策的制度化及决策监督的完善程度为前提。具体包括下列各方面。

（1）给团队下的分小组分配工作，如果存在分小组的话。

（2）根据技能而不是职位来决定方案。不要有先入为主的想法，不管团队成员的经历如何、职位如何，当想通过一项决议时，要认真聆听技能水平高的团队成员的发言，积极借鉴他们的想法。

（3）打破层级制度中的互动模式，容许跳出既定角色外为团队服务。

（4）建立并遵循与其他团队运用的规则类似的行为规则。

值得强调的是，对新团队成员授权需要把握好尺度，宁可紧抓，不要太松。

2.交代明确，责任清楚

销售经理要决定成功完成任务所必须达到的目标量。一般来说，被授权团队成员都会用自己的方法去完成任务。如果销售经理希望他们运用特定的方法来完成工作，一开始就要让团队成员知道。要由销售经理决定团队成员应该承担多少责任，而不是让团队成员决定。销售经理要确定员工了解他所应负的责任。

3.掌握有效的控制方法

如果销售经理希望所交付的任务在某个时间段内完成，就要传达给员工并让他们清楚地了解。交付任务之后，销售经理还要定期和团队成员开会，来观察进度及提供必要的协助。观察进度可以避免出现到期前两天才发现进度落后的窘境，同时也可以了解团队成员是否需要协助。

4.一旦授权就要放手

团队成员可能会尝试把任务“丢回”给销售经理，销售经理可能也会忍不住想把所交付的任务“拿回来”，特别是在团队成员陷入僵局的时候。在极特殊的情形下，销售经理可能别无选择。

5.个性化授权

个性化授权包括指挥式授权、批准式授权、把关式授权、追踪式授权、委托式授权。以下为它们的具体含义。

（1）指挥式授权。授权最低的一个级别，上司以命令和指示的方式指挥下属的工作行为，下属除非得到命令和指示，否则不能擅自行动。

（2）批准式授权。由下属自己提出或拟订行动计划和工作方法，但在行动之前必须得到上司的批准。未得到批准计划不得实施，凡是得到上司批准的，可以在批准的范围之内实施。

（3）把关式授权。大部分工作由下属做出决定，上司只对整个过程的某几个关键环节把关。也就是说在关键环节，下属必须在请示上司获得批准后方可行动。

（4）追踪式授权。所有的权利，包括人事权、财务权等全部授权给下属，下属完全可以自主决定，但是在关键环节和过程中必须及时向上司汇报，上司根据工作进展状况判断授权是否合适，是否需要采用其他授权方式。

（5）委托式授权。上司给下属授予开展工作所需要的全部权利，让下属充分发挥主动性和创造性，按照自己的方式行动。上司只对目标是否按时达成进行把关，而不会在工作过程中干涉。

销售经理向下属授权工作并不只是为了减轻工作量，同时也是为了让下属能在专业上持续成长。有效授权是需要双向沟通及了解的，对于授权的任务，销售经理要表达清楚，让团队成员有机会提出问题；要观察进度，在必要的时候给予协助。销售经理通过有效授权可以达到激励团队成员的目的，这会让销售经理与团队成员共同获利。

关键点提示

销售经理通过适度授权激励销售团队成员，需要把握下列五个原则：

1.决策基层化；2.交代明确，责任清楚；3.掌握有效的控制方法；4.授权就要放手；5.个性化授权。

5.10 如何通过目标管理激励销售团队成员

工作场景描述

当想通过目标管理激励销售团队成员时，可查看。

解读与分析

每个目标都需要平衡它的功能性、人员、预算、进度和质量目标。可以把项目目标中的一个方面，定义成一个约束，或是定义成与项目成功对应的驱动。所谓驱动，实际上是通过目标管理激励销售团队成员，并可以在一个规定的范围内调整，包含以下几方面。

1.销售指标的分配遵循“二八原则”

销售团队的业绩完成总会遵循“二八原则”，也就是80%的业绩往往来自20%的销售人员。所以销售指标的分配肯定不是均分，而是要按照能者多劳的原则分配。任务重的销售人员能够动用更多的资源，有更多的发展机会，以及更好的待遇。如果大家都一样，谁会愿意承担更重的销售任务呢？

2.客户的分配遵循公平原则

每个人都希望能够拥有好的客户，所以在客户分配时一定要遵循公平原则，让每个销售人员都感受到自己被公平对待。这样一来，在获得客户资源时，销售人员自然也会积极开发客户，调节自身情绪，调动工作热情。

3.结合每月的销售增长率和客户对该销售员服务的评价来核定其奖金

具体方式为：修改原有奖金方案，评估每个销售人员现有客户的增长潜力，客户和销售经理对销售人员服务能力、水平和效果的评价（具体指标如销货速度、订单差错率、投诉多少、表扬率、访客频率、协作性、对客户及企业销售提出多少合理化建议等诸多方面），然后向该销售人员下达全年及各月业务增长指标，并将销售额奖金改为业务增长奖金。

4.考虑意外缓冲

事情不会像销售团队目标计划的一样分毫不差地进行，所以在预算和进度安排上应该包含一些意外的缓冲，以适应无法预料的事件。

另外，要让目标管理在准确的、基于数据的基础上运行，而不能因为想用目标管理来激励销售团队成员就对数据的真实性不加要求。

关键点提示

通过目标管理激励销售团队成员需要做到以下四点：

1.销售指标的分配遵循“二八原则”；2.客户的分配遵循公平原则；3.结合每月的销售增长率和客户对该销售员服务的评价来核定其奖金；4.考虑意外缓冲。

5.11　如何理解责备对销售团队成员的积极意义

工作场景描述

当团队想通过巧妙的责备激励销售团队成员时，可查看。

解读与分析

好多人都认为责备有百害而无一利，但是对于整个销售团队的建设而言，责备也有它的积极意义。责备的积极意义包括以下几点。

1.分裂可能被团结所替代

一个有隔阂的团队，当问题被激化并爆发之后，通过责备，让每一个相关者都进行反思，如果暴露出来的所有问题能得到有效解决，则影响团队建设的障碍就被清除了，团队可能由此而走向团结。

2.旧的目标可能被新的目标替代

导致责备的原因如果是因为目标问题，那么，责备可以促使人们思考，是否应该制订新的目标。这正是责备带给我们的积极作用之一。

3.促进革新

责备也可以促进革新的发生，这也是它的积极意义之一。

4.满足许多人固有的进取心的需求

对绝大多数普通人而言，目标如果不是很宏大，则进取的道路是平坦的。但是，有一部分人会因为责备而加快自己进取的脚步。责备正好刺激了他们奋斗的欲望，也刺激了他们前进的步伐。

5.个体本身可以更清楚地意识到自己的特性

对销售团队而言，如何看待个人在团队中的地位（角色认知）呢？虽然这是前面就已讨论过的话题，但是，很多事例说明，每当发生冲突时，责备可以更加清楚地展现个人的角色特性。

6.让团队成员表达自己的观点

如果责备中需要理论依据，而环境又让每个人表达支持自己的论据，这正好增强了对他人和自己认知的程度。

关键点提示

通过巧妙的责备激励销售团队成员可以达到以下目的：

1.分裂可能被团结所替代；2.旧的目标可能被新的目标替代；3.促进革新；4.满足许多人固有的进取心的需求；5.个体本身可以更清楚地意识到自己的特性；6.让团队成员表达自己的观点。

5.12　如何综合运用激励技巧

> 工作场景描述
>
> 当想针对销售业务的特点综合运用激励技巧时，可查看。

解读与分析

不同的销售团队有不同的销售业务特点，下面将激励技巧的特点做一些描述。

1.能以出乎意料的方式产生意料之中的效果

当销售经理为组织制订了一个雄心勃勃的销售目标之后，第一件事往往就是设计出各种制度，这个过程就是“整合”。可是，整合的结果往往在组织中形成官僚主义，扼杀销售团队的创新能力。为了防止官僚主义产生，激发全体销售人员的销售能力，销售经理必须另辟蹊径，使团队成员可以出其不意地行事，从而取得不凡的成绩。

2.通过放权促使组织效率的提升

成功的激励机制会从组织目标着手，实行分权管理，以促进团队效率的提升。例如，将销售价格定价权限下放，让销售人员在成本控制的范围内有更多的灵活性，这对销售活动的成功很有帮助。

3.实施创新的激励机制对组织进行新陈代谢

很多销售团队都在愿景中声称他们打算成为某一个竞争领域的领导者，但光靠喊口号并不足以成事。组织需要的是一套能对组织进行新陈代谢、确保描绘出来的理想愿景能变成现实的激励机制。

如果该团队对销售经理的激励机制更具挑战性，管理阶层的薪资制度与一线员工相类似，完全与绩效挂钩，则该团队的销售经理就会比第一线的团队成员下更多的工夫；例如团队成员的薪资减少25%，领导的薪资就减少40%，只有这样，销售经理才会知道带好一个团队的责任是多么重大。

4.激励机制的实施应有持久性

激励机制与激励事件不同，激励机制需要有持久性。到企业外面去开振奋人心的会议，处理迫在眉睫的危机，这些都是激励事件，也会产生激励效果，但不会产生像激励机制那样产生持久的效果。激励机制要能够持续运作，可以维持数十年。

一些小型企业所采用的激励技巧可能也很有借鉴性，只要符合企业的实际，尽可以在实际操作中灵活运用。

关键点提示

综合激励的技巧包括以下四种：

1.采用出乎意料的方式；2.放权；3.实施创新的激励机制；4.持久性实施激励机制。

5.13 如何进行管理者的自我激励

工作场景描述

当想进行管理者的自我激励时，可查看。

解读与分析

销售经理本身是销售团队的一分子，按照团队的定义，团队成员间有着一种平等的协作关系，所以在这里，将销售经理的自我激励也做一些阐述。

1.强调工作的重要性

安排工作时，销售经理要强调工作的重要性，指出不完成工作对他人和自身的影响。

2.树立领导者个人价值观

销售经理的个人价值观，尤其是宽容的价值观，对销售人员的工作积极性会产生影响。所谓“水至清则无鱼，人至察则无徒”，如果销售经理对销售人员太严格，无法容忍销售人员犯错误，销售人员一般不会认可领导的指责。一般来说，销售人员偶尔犯错误，即使销售经理没有指责，他也会设法弥补自己的过错。如果销售经理过分的指责，销售人员反而会产生逆反心理。所以，要求销售经理有自己的价值观，对管理双方都是一种有效的自我激励。

销售经理要进行管理，必然会提升自己的责任感和能力，这是所有人都具有的一种示范心理，另外，管理者要在某些方面说服销售人员，必然要想方设法展示出自己的表率作用。所以，一名称职的销售经理其实在每时每刻都进行着自我激励，这正是他的责任心所在。

关键点提示

销售团队管理者进行自我激励可以：

1.强调工作的重要性；2.树立领导者个人价值观。

5.14　如何用竞争的方法来激励团队成员

工作场景描述

当需要通过竞争的方法来激励团队成员时，可查看。

解读与分析

竞争可以使团队表现得越来越好。竞争可以强烈刺激每位成员的进取心，促使他们力争上游，发挥出最大的潜能。销售团队可以通过以下几种方式进行竞争激励。

1.优秀员工榜

优秀员工榜是很多销售团队采用的激励方式。优秀员工可以每月评、每个季度评，但绝不是轮流坐庄，否则就达不到应起到的积极作用。对于优秀团队成员，可以把他的照片放大粘贴在醒目位置，这对他是一个很大的激励。

2.竞赛

竞赛的激励方式有很多，比如销售团队设立全团队的业绩排行榜，将每个月、每个季度成员的销售业绩排名，对第一名给予奖励。还可以设“榜主奖”，对连续三个月都名列第一的销售人员发重奖。类似的竞赛方式还有很多，比如销售额比赛、质量比赛、利润比赛和销售明星大赛等。

3.职位竞选

职位竞选也是许多团队内部实行的激励方式，可以通过让成员提供相关职位方案或进行职位演讲，让所有成员对心目中的人选进行投票，从而确定团队中最能胜任此项工作的人员。

在团队中鼓励成员竞争的好处是显而易见的。销售团队要大胆地推行这一激励方式。

关键点提示

销售团队管理者可以通过以下三种方法来激励团队成员：

1.通过优秀员工榜；2.开展工作竞赛；3.进行职位竞选。

5.15 如何用奖励的方法来激励团队成员

工作场景描述

当想用奖励的方法来激励团队成员时，可查看。

解读与分析

奖励是管理工作中强有力的工具，有时要比竞争或压力更能影响人的行为。设计合理的奖励制度以及采用恰当的奖励方式是比较困难的。可通过以下奖励方法激励团队成员。

1.加薪

加薪是一种比较普遍的激励方式。企业应当将基本工资、津贴、奖金结合起来为团队提供一个有竞争力、公平、有根据的总奖励制度。加薪主要分为两种形式：一种是加奖金、津贴，针对团队成员短期优秀表现；另一种是提升基本工资，以奖励稳定的杰出贡献者、努力工作者或服务到一定期限的员工。要注意，如果领导者不管团队成员有何功绩，都严格控制加薪，限制额外工资的分配，或者如果奖励过于主观，工资上限似乎太大方，这些情况下就会出现负面效应。其结果就是团队灰心丧气，精神不振，甚至造成人员流失。

2.分配企业股份/期权

分配企业的股份和期权是现在很多团队开始采取的一种激励方式。企业将若干股份作为奖励，让成员以股权、股票的方式持股，或者将期权作为企业福利发放给成员。通过这种股权激励的方式，可以让团队成员感觉到自己在团队中的主导地位。但由于股权变化比较敏感，有时候代价会很高，操作的难度相对较大。需要注意的是，有时候领导者的重视有助于控制风险。

3.安排旅游

企业可以安排团队成员携带配偶或同伴出去旅游或组织团队旅游，也可以奖励一些科普类、娱乐类项目门票，让团队成员参观考察、听音乐会、举行联欢会、看球赛等。

4.休假

休假很重要，关系到团队成员的休整放松和家庭生活。假期长短、时间选择以及春节等长假的组织安排，都可以用来激励成员。比如，一些团队可以增加假期，作为一种奖励。

5.津贴和福利

通常指经济上的补助，包括优惠的住房、车辆或帮助贷款，购买意外保险、人身保险、旅行保险等。

6.其他形式的奖励

其他的激励形式还有很多，例如销售团队狂欢夜，销售团队合影，销售团队午餐，重新装饰工作场所，证书、卡片、特殊成就奖以及其他很多有趣的东西。

奖励要恰到好处，过于频繁，或者给予大于应得，都有可能适得其反。

关键点提示

企业可以通过以下奖励方法来激励团队成员：

1.薪酬、津贴和福利、企业股份；2.旅游、休假；3.其他形式的奖励。

5.16 如何通过个人发展来激励团队成员

工作场景描述

当团队成员非常重视自身将来的发展，企业想以此来激励团队成员时，可查看。

解读与分析

企业最好的激励方式是个人发展激励。这是从长远角度考虑的一种激励方式，它将成员追求自我发展的目标跟团队的目标融为一体，是一种能最大限度激励成员的方法。个人发展激励主要包含以下几个方面。

1.职业发展

企业发布明确的职业生涯发展路径。每个人都关注自己职业生涯的发展，薪资的高低往往是次要的，最重要的是未来发展的方向。企业要为团队成员制订专项职业发展计划，为他们提供便利条件，搭建一个平台。

2.晋升/增加责任

升职或升级的激励方式对于所有销售团队来说都司空见惯，关键是采取的方式和渠道。通过正确的方式和渠道才能起到真正的激励作用。类似的激励方法还有：让一个团队成员主持销售团队的项目；给予团队成员一些特别的任务，这种任务是需要有一定能力的人去完成的；给予团队成员充满荣誉的职务。

3.培训/学习

可以将培训和其他学习机会作为团队成员杰出工作的奖励。企业可以挑选最勤奋或者最杰出的团队成员去参加外部讨论会。在那里，他们不仅可以扩展自己的工作圈，学习到一些新技巧，而且还能为团队带来全新的视角。

4.个人价值

将职业和业余爱好结合起来有点过于理想，但这正是许多人所期望的。领导者应该通过不断地完善，增加工作的乐趣，并鼓励团队成员认识到工作使人充满活力，鼓励他们去发掘自己的激情。帮助团队成员将他们的工作和团队的环境联系起来，并将团队成员的利益和个人使命与整个团队的利益和使命结合起来，力争在最大的程度上将团队成员的工作和企业的目标结合起来。

5.组织荣誉

不管荣誉是使个人成为销售明星还是使团队成为销售明星团队，都是一件令人振奋的事情，并且可以使士气高涨起来。为了激励成员，一些销售团队建立了关于团队成员的成就与出色工作的表彰体系，包括领导者亲自表扬及感谢，在内部刊物上发表带有成员照片的文章，以广告形式公开表彰，等等。关于通过提升个人发展来激励团队的方式还有很多，最重要的是要抓住时机，激励团队成员。

关键点提示

企业可以从以下五个方面来激励团队成员：

1.职业发展；2.晋升；3.培训；4.个人价值；5.组织荣誉。

5.17　如何激励销售团队中不同类型的团队成员

工作场景描述

当想激励销售团队中不同类型的团队成员时，可查看。

解读与分析

针对以下不同类型的团队成员，应该采取不同的方式进行激励。

1.征服型

这些团队成员喜欢不断给自己订立更高的目标并努力达到，从而使自身能力不断提高。如果销售经理能给他们布置一些使他们更加紧张并需要接受很多挑战才能完成的工作，他们会感到非常乐意。销售经理可以利用他们想达到目标的动力以及打破常规的愿望，让他们尝试一些能够显现才干、增强或增加技能的工作。销售经理可以通过分配具有挑战性的新任务来激励团队成员，使他们能够向着更高的目标努力，以创造良好的业绩和个人成长记录。

2.关系型

这些团队成员喜欢和同事们建立起和谐、友善的关系。销售经理应当确保他们有大量的机会在非正式场合与大家认识，比如企业的聚餐会和正常工作日的其他活动等。对于这些团队成员而言，工作的社会性是其最有意义的方面。所以，使他们感到自己是这个大团体中不可缺少的一员，是激励他们的最好方式。例如，在能使他们畅所欲言的地方组织会议，而非正襟危坐地聆听演讲或正式发言。这样，不仅满足了他们进行社交的需要，而且他们会回报给企业更多的业绩。

3.独立型

这些团队成员最注重的是自立。他们希望自由地完成任务，还想要具有某种程度上的自主性。销售经理不要试图对他们的一举一动都加以控制，那样将扼杀他们的创造性。在团队工作中，假如销售经理发现每当自己发布刻板的团队方案或工作程序，团队成员就很不耐烦时，那么，销售经理所领导的正是一群独立型的成员。销售经理需要巧妙地安排他们的工作，使他们觉得自己的工作是自己安排的。注意不要过分表明自己的偏好，要尽量提供自由的工作环境，让团队成员自己安排时间，自己做出选择，自己决定为了完成工作应当采取的步骤。

4.权力型

这些团队成员热衷于对别人施加影响和对别人进行控制。他们喜欢被人关注和由关注而产生的那种以为自己很重要的感觉。对待这样的成员应容忍他们不请自来的帮忙，并要像对待内部专家一样，不时要求他们发表一下自己的建议或想法。这样，可以不断地了解到什么可以激励他们工作，而他们也一定会好好珍惜这样的机会来发表自己的观点并观察销售经理是否严肃认真地对待他们的建议。这样的团队成员也是销售经理培养领导者的选择对象。

5.公平型

在这些团队成员眼中，公平是最重要的原则。他们也许会通过比较销售经理管理团队成员的时间、工作权限、责任范围、报酬和福利等工作方式，来确保没有不公平的现象存在。要想激励这样的团队成员，只要像律师一样考虑问题就行了，还要向他们证明销售经理是一位公正的、可以平等相处的领导者。例如，分发全行业范围的工资调查表，以向他们表明销售经理是如何得出现在的工资水平的，并解释奖金是如何与工作表现挂钩的。鼓励他们如果观察到任何不公平的现象一定要让销售经理知道，以便及时加以纠正。

6.尊重型

这些团队成员在团队中想获得大家的尊重，避免在工作中将他们排除在外。假如能做到认真聆听并积极反馈他们的讲话，他们会感到受到莫大鼓舞。当他们讲话时，应当点头和保持眼神的接触。不要他们一开口说话就打断他们或者摇头表示不同意。应该多向他们表达对他们工作的认同，多给他们关于业绩的反馈情况，特别是要多多表扬他们。销售经理对于所有团队成员都应当表示尊重，尊重型团队成员更看重上述礼貌的行为。

在销售团队中，每个人都是不同的，所以对每一个团队成员进行激励时，销售经理都应当采取特定的、符合其类型与特点的有效方法。

关键点提示

针对以下不同类型的团队成员，销售经理要采用相应的方法进行激励：

1.征服型；2.关系型；3.独立型；4.权利型；5.公平型；6.尊重型。

5.18 如何激励新成立的销售团队

工作场景描述

当团队刚成立，团队价值标准、团队成员所扮演的角色及团队的工作任务和工作方法还没有完全确定，需要对其进行激励时，可查看。

解读与分析

新团队的成立总是令人兴奋无比，一个能启发人心的销售经理此时应当采用以下途径来进行激励。

1.帮助大家认识

可以举办一些活动以营造轻松的气氛，并促进团队成员对未来的工作伙伴多一些认识和了解。在活动中可以介绍成员的特长，这样容易形成彼此间的尊重，为以后的团队合作奠定良好的基础。

2.增进团队信赖感

虽然不能强迫团队成员相互信赖，但可以营造让团队成员相互信任的氛围。销售经理不妨采取表演等轻松的形式，如发掘对方的奇人奇事、一起玩接龙、编故事、合力解决难题，或是即兴表演有关团队日常的一分钟短剧，达到让团队成员打成一片的目的。演短剧可以让团队成员在短时间内建立起信赖感与凝聚力。

3.分享成功的愿景

愿景的来源并不十分重要，关键是如何使团队成员一起分享对愿景的那股热情。愿景应当能够用创意性的文字来进行描述，并且能吸引人且不被遗忘，从而激起所有团队成员的高度热情。

4.宣布对团队的期望

在团队发展的开始阶段，尽管销售经理肩负着“开头难”的压力，但也应当对团队大方向有大致的认识。建议销售经理尽快为团队提供工作方向，以带动整个气氛与新团队的动力。应当明确表明对团队建设在若干时间内取得什么样成就、达到什么样规模的期望。此外，也可以征询每一位成员对团队的期望。

5.为团队提供明确的目标

团队组建初期，销售经理应当制订简单易懂且能振奋人心的目标，并与所有团队成员讨论大家如何共同参与实现目标。同时，销售经理在与团队成员分享目标时也应展示对目标的充分信心。

6.为团队提供充分的资讯

例如外派一个团队异地工作时，应当为其提供足够的资讯，比如竞争对手在这个区域的分布情况、市场占有率以及投入资本等。

7.提供工作指导

大部分团队成员在团队刚刚成立时，都会以对团队有所贡献为荣。销售经理的责任就是激发大家的奉献精神，并使团队在起步过程中的方向和计划与顺其自然的发展之间达到平衡。如能让团队成员有机会了解销售经理的任务，则更好。

8.建立团队内部与外部的初步联系

这包括确立团队的权限，建立对团队绩效的评估体系，以及建立团队与外部的联系与协调的关系，如建立与顾客、协作者的联系，努力与外部环境和企业文化取得协调等。

在推动团队走上正轨的时期，销售经理应当在团队新成立时多投入一些精力，为团队成员未来能够顺利工作铺路。

关键点提示

销售经理激励新团队的方法有以下八种：

1.帮助大家认识；2.增进团队信赖感；3.分享成功的愿景；4.宣布对团队的期望；5.为团队提供明确的目标；6.为团队提供充分的资讯；7.提供工作指导；8.建立团队内部与外部的初步联系。

5.19 如何激励摸索阶段中的销售团队

工作场景描述

当团队尚未有明确的基本规则或规范，各项事务及成员都处于摸索阶段时，可查看。

解读与分析

这个阶段的团队容易展开激烈的内部竞争。随着挫折感与焦虑情绪的上升，团队活力有可能会直线下降。此时，销售经理所能做的是以下几点。

1.安抚人心

销售经理不要粉饰太平或否认危机的存在，而应该与团队成员分享对未来的信心，并保证一定会协助成员度过危险期。

2.承认并处理纷争

销售经理鼓励团队成员就有争议的问题发表自己的看法，并及时处理各种矛盾和冲突。比如说某个人或某些人的力量过于强大，那么作为销售经理要适时化解这些权威和权利，决不允许以个人的权利打压其他成员的工作积极性。

3.树立团队榜样

处于摸索阶段的团队成员还不太清楚销售经理者所要求的行为准则，自然希望销售经理能以身作则，包括展现自身高效工作的能力、关心工作的品质，以及示范如何进行沟通等。销售经理只要能够树立一个好榜样，团队成员就会接受销售经理的工作方式。

4.建立行为规范

虽然企业会在其内部建立起尽量与团队运作相适应的制度体系，如人事制度、考评制度、奖惩制度等，但是由于这些制度是在企业范围内制订和实施的，对于小范围的团队来说未必有效，针对性较差。所以制订适应团队发展的行为规范是很有必要的。

5.调整领导决策

销售经理应鼓励团队成员参与决策，并随时准备为团队注入新活力。同时，销售经理也应当确定成员的决策范围，详细说明哪些活动不属于团队的范畴，同说明哪些活动属于团队的范畴一样，都是非常重要的，销售经理要使团队成员完全清楚团队决策权的限度，并尽可能地进行重复说明。

6.单独训练成员

销售经理可以每星期少花一些时间来开会和训练，但团队成员一定要把销售经理教的方法与成效作为目标。这包括会议技能、冲突的解决以及基本问题的解决办法等。团队成员可以选择那些能经常用到并且有效的处理技能，将其应用到工作中。

摸索阶段对于每一个人来说都不好过。这一阶段具有不稳定性，销售经理需要投入比平时更多的精力。销售经理应当有足够的信心和耐心带领团队度过这一阶段。

关键点提示

销售经理激励摸索阶段中的团队应做到以下五点：

1.安抚人心；2.承认并处理纷争；3.树立团队榜样；4.建立行为规范；5.调整领导决策；6.单独训练成员。

5.20 如何激励稳定阶段中的销售团队

工作场景描述

当销售团队已开始有所表现，且已做出一些成果，成员之间有一定程度的信赖，重要目标就在眼前时，可查看。

解读与分析

如果销售团队已经有了明确的基本规则和规范，那么团队就已经到了稳定阶段了。

领导工作在此阶段的重点，在于以下几点。

1.鼓励团队通过分析讨论解决意见分歧

销售经理需要空出足够的时间让团队定期召开每周会议以及带有连续性的会议。让团队成员定期会面绝非浪费时间，能够避免成员们有意避免冲突而不发表有争议的看法，或为了团队的和谐拒绝讨论各自的差异。

2.鼓励成员分担领导责任

通过提高团队成员的责任心和权威，销售经理可以帮助成员打破沉默。即使企业对员工的工作内容和分配有很严格的规定，销售经理还是应该既不违背企业的规定又能人尽其才。例如，一个有绝佳表现的团队，团队成员通常不会受制于正式职务和责任的局限；相反，团队成员会以各种方式贡献自己的力量。

3.致力于集中团队能力

销售经理在此阶段的重点，是细致分配每一个人所扮演的角色。例如，有些人很喜欢提供点子，有些人则喜欢为团队搜集资料和资源。要根据团队成员的才能和工作能力将团队成员安排到合适的位置，并使团队成员接受工作所需技能的训练。

4.强化团队工作的基本规则

通过稳定阶段考验的团队，基本已经站稳脚跟了，随后团队便将承受照章办事的压力。任何人只要是无视规范行事，就应该被逐出团队，而团队成员为了继续在团队中发挥作用，就会愿意接受若干任务，进而提升整个团队的士气。

5.营造团队文化

团队文化创造了团队工作的氛围。如果一种文化环境是积极的、鼓舞人心的，那么团队成员对承担风险就不会有很大顾虑，而是努力表现出越来越高的工作水平。团队文化不可能通过移植实现，但可以借鉴、参考，形成自己的文化。

6.将工作重心从指导、教导转移到支持和领导

企业应建立一个强大、公平的个人评价体系，企业要与每个人都保持联系，增强个人的人际关系，并进行适当的授权，让团队成员参与策略的制订与修改，征求团队成员的意见，与他们一起制订计划并付诸实施。

这个阶段的团队已经有了比较完整的计划和制度，销售经理所要做的就是帮助团队

保持这种良好的氛围，从而迈向最后的成功。

关键点提示

销售经理激励稳定阶段中的团队应主要从以下六个方面着手：

1.鼓励团队通过分析讨论解决意见分歧；2.鼓励成员分担领导责任；3.致力于集中团队能力；4.强化团队工作的基本规则；5.营造团队文化；6.将工作重心从指导、教导转移到支持和领导。

5.21　如何激励成功阶段的销售团队

工作场景描述

当团队已创造出众的成果，仍想持续改进，迈向更大的成功时，可查看。

解读与分析

处于成功阶段的团队不仅具有创造力，勇于冒险，而且能够虚心学习他人的长处。销售经理如想使他们发挥更大的作用，可以通过以下的方法进行激励。

1.通过使命感获得高水准效果

成功团队中的成员通常比销售经理还了解自身的工作，所以单凭销售经理管制已经发挥不了多大的作用。销售经理唯一能依赖的是团队成员对自我的管理，期望团队成员能够在决定工作内容、事情的优先顺序及如何运用资源等方面发扬对自己负责的精神。

2.尝试放松控制，允许团队制订自己的活动

成功团队更需要的是自我管理与挑战，而非销售经理的指令与口号。有时，销售经理一方面希望团队能紧密团结，避免具有伤害性的内部竞争；另一方面也希望团队成员能担负更多的责任。把握控制与自我管理间的分寸，需要销售经理不断进行调节。

3.随时更新工作方法与流程

销售经理应尽力设计出有趣的人员组合，使团队成员互相激发，进而形成高效、新颖的工作方式。把人员放在新的合作关系和小组中，既能使团队成员彼此加深了解，又有助于团队精神的进一步发展。

4.鼓励团队成员轮换角色

鼓励团队成员轮换角色，不仅可以使每个人都保持工作活力和兴趣，还可以为团队提供应对意外的后备力量，并且会产生一些新的力量和才能。在此之前，团队及其成员可能都没有意识到自己拥有这些力量和才能。

5.定期训练与个人发展

如果个人能够成长，团队甚至整个企业也会随之进步。因此，建立一个成功的团队，意味着销售经理必须真心关怀团队成员的发展与训练需求，这样才能鼓励他们好上加好，做出更大的成绩，更富创造力。

6.培养成员领导能力

这将使销售经理能够进行更多的授权，而成员也希望自己被作为未来的销售经理来培养。不妨让成员轮流主持团队会议或者让他们自主负责一些项目，鼓励团队向自我管理的团队发展。

7.把控工作进展，定期召开会议

销售经理要求团队成员就如何处理问题做正式的口头或书面报告。在进行工作反馈的过程中，销售经理既要肯定个人的贡献，也要重视团队整体的成绩，毕竟销售团队经过磨合已经形成了有效的协作精神，所以团队的整体贡献是至关重要的。

处于成功阶段的团队心中不免燃起一股持续前进的火焰，希望能够朝下一个目标或下一次成功迈进。销售经理要带领团队坚持不懈地努力，迈向成功的巅峰。

关键点提示

销售经理激励成功阶段的团队的方法有以下三种：

1.随时更新工作方法与流程；2.鼓励团队成员轮换角色；3.培养成员领导能力。

5.22　如何激励成员很少见面的销售团队

工作场景描述

当想激励成员很少见面的销售团队时，可查看。

解读与分析

越来越多的团队正在试图打破地域限制。这种成员相互之间并不经常接触，又急于想创造绝佳表现的团队，对销售经理的管理能力是一大挑战。下面的几点建议，适用于激励成员很少见面的团队。

1.确保与成员经常接触

销售经理可采用各种通信方式，要确保与所有销售人员保持经常接触。

2.鼓励群体沟通

销售经理要鼓励团队成员相互沟通。例如，如果团队成员A向销售经理咨询一个问题，而销售经理认为解决这个问题是团队成员B的强项，那么就可以说："你应当问的最合适的人是团队成员B，因为他是这方面的专家，我相信他会解答你的问题。"这不仅会使团队成员相互接触，而且体现了大家对各自专业能力的尊重。销售经理也可以找个机会对团队成员B说："对那个项目，团队成员A知道的比我多，为什么不给她打个电话？她会提供给你更多的信息。"

3.经常组织团队聚会

销售经理需要注意组织工作之余的团队活动。销售经理应当时常组织所有成员以团队的形式聚在一起，如果条件允许的话，一周聚一次，最少也要一年一次。

4.改进团队的非正式沟通

例如，销售经理可以建立一个团队工作群，或者通过企业工作群进行沟通。

5.寻求成员帮助

与外派成员相比，在企业固定地点工作的团队成员能见到更多的团队成员。销售经理可以请求他们帮助，希望他们与销售经理一起营建团队感情。例如，销售经理可以要求他们鼓励其他成员间的相互接触，告诉大家遇到问题可以向某些团队成员求助或寻求建议，而非事事征询销售经理的意见。

对成员很少见面的团队，销售经理应当时刻鼓励成员彼此间的沟通和了解，让所有成员在无法面对面交流的情况下，也能共同参与到团队工作中来。

关键点提示

销售经理激励很少见面的团队的方法有以下五种：

1.确保与成员经常接触；2.鼓励群体沟通；3.经常组织团队聚会；4.改进团队的非正式沟通；5.寻求成员帮助。

5.23 如何在压力下保持销售团队激励

工作场景描述

当需要团队付出比平时更多的努力以承受压力时，可查看。

解读与分析

下面是关于激励那些在巨大压力下工作的团队的重要指导原则，可以达到既激励团队成员去实现销售经理的要求，又不至于使团队成员失去工作热情的目的。在压力下保持团队激励的方法有以下几种。

1.承认压力存在

让团队明白以较快节奏进行工作和在较高压力下工作的必要性，不要认为这没有必要。销售经理要认识到团队成员是在较大压力下工作的，这并不意味着销售经理应当去道歉或为之做出补偿，但是团队成员需要销售经理意识到工作辛苦这一点。

2.提供必要培训

培训一方面可以提高团队成员的专业知识和技能，另一方面可以让团队成员学会如何减轻和应对工作压力。例如，对销售经理进行培训以使他们做出更好的绩效评价，更有效地听取团队成员的意见，更准确地安排工作及发号施令等；对团队成员进行培训以使他们熟练掌握业务知识和工作技能。

3.进行工作再设计

为了减轻团队成员的工作压力，销售经理可以对工作内容进行新的设计，尽量使成员能够控制他们自己的工作进度，帮助他们更有效地运用自己的技术和能力。从而提高成员的工作满意度，减少压力下的不良反应。

4.要确保团队成员理解销售经理的安排

如果销售经理要求团队成员额外做事，只能要他们去做最关键的或最紧急的任务，而其他事情则可适当缓一缓。

5.从自身做起

销售经理要像自己要求团队成员那样去努力工作，或者比团队成员更加努力，比如经常最晚离开办公室。

6.对团队感激

如果要求团队成员做一些并非工作范围内的事情，比如说周六加班，销售经理一定要给团队成员较为宽松的选择余地，这样做的话，团队成员更可能同意做这件事。对于额外的工作，销售经理一定要态度诚恳地请求帮助而非命令式布置任务。当他们接受时，销售经理要表示感谢，并且应当使他们知道完成任务后会有一些奖励或表扬。如果销售经理表现出额外工作是理所应当的态度，团队成员就会觉得额外贡献没有得到认可，从而产生不满。

7.使工作的气氛变得轻松

压力是不可避免的，销售经理应当帮助压力下的团队保持轻松而快乐的心态，从而激发出更多的能量和热情。适当的压力能够激励团队取得更多的成就，而过度的压力则适得其反。

关键点提示

在压力下保持团队激励的方法有以下七种：

1.承认压力存在；2.提供必要培训；3.进行工作再设计；4.要确保团队成员理解销售经理的安排；5.从自身做起；6.对团队感激；7.使工作的气氛变得轻松。

第6章

销售人员管控常见问题

目前，大部分管理者对销售人员的控制仅仅止于财务和客户控制，同时由于销售行业较高的人员流动性和不稳定性，使得这种管控方式常常流于形式和理论层面。实际上，整个销售团队的工作与规划均会体现在销售人员的日常事务中。工作计划表、销售例会、述职、随访辅导等活动正是管理者实现对销售人员的工作进行有效控制的途径，同时也是销售团队管理中非常重要的管理手段。正确运用这些策略，对企业的发展是大有好处的。

6.1　如何明确业务控制的要点

工作场景描述

当销售经理需要明确业务控制的要点时，可查看。

解读与分析

要明确业务控制要点，销售经理必须了解销售团队的销售目标、经营理念、竞争战略、销售策略及其他市场策略，还要制订本区域的具体销售策略和销售计划并合理规划，如有效地销售目标分解、合理地配送服务路线等。以下是这些要点的细分介绍。

1.明确和规范其基本职责

虽然不同行业和市场对销售人员职责的具体要求不尽相同，但在深度销售模式下，基本的市场管理规范和销售职责是一线销售人员必须完全清楚的。

2.做好所负责区域市场的实地调查工作

销售经理要做好所负责区域市场的实地调查工作，收集和反馈必要的信息，包括有关本地区宏观背景、产品销售、渠道状况、用户情况、竞争对手和市场现状及发展趋势等方面的资料，建立区域市场销售数据库。

3.定期巡访和维护客户

销售经理应定期巡访和维护客户，以保持经常性的沟通并为客户提供综合服务，宣传企业的理念和政策、推介新产品等，同时了解客户对销售团队策略、产品和服务的意见和建议，以便及时采取改进措施。另外，销售经理应积极主动地帮助客户解决经营管理中遇到的实际困难和问题，在经营计划、产品展示、库存管理、客户服务等方面提供指导和帮助。

除了上面提到的几点，销售经理还必须明确销售团队整体竞争战略、广告宣传和促销服务等策略意图，把握其在区域市场具体有效地组织执行和实施；保持团队强大的执行力和组织力，维护、管理区域市场和销售网络，防范和处理窜货乱价等渠道冲突，及时调整和优化网络结构；并根据市场竞争状况的变化，积极调整竞争策略。

关键点提示

明确业务控制的要点包括以下方面：

1.明确和规范其基本职责；2.做好所负责区域市场的实地调查工作；3.定期巡访和维护客户。

6.2 如何制订与实施月度工作计划

工作场景描述

当销售人员需要制订与实施月度工作计划时，可查看。

解读与分析

制订计划是销售人员必须掌握的基本技能。合理的计划可以提高销售效率。计划有多种周期表现形式，如年度、学期、月度、周、日学习计划等，企业一般采用月度工作计划。设计月度工作计划表可以按如下步骤来进行。

1.建立目标管理体系

销售团队强调区域市场的精耕细作，必须建立目标管理规范体系，用目标来引导、考核和激励销售人员，将其精力和资源配置在产生销售成果的方向上，保证销售团队强大的组织力和执行力。

2.加强过程管理和具体指导

销售团队必须加强销售过程的监督、检查和指导，才能保证目标的最终完成，并使各项销售策略和计划得以有效实施。同时，销售团队在规范的日常管理中将逐步形成良好的工作习惯，有利于其职业化转化和能力的发展。

3.书面化各种计划

对月、周、日工作计划进行书面化，然后对各项市场销售活动过程控制、检视和改进，对各类相关信息和数据及时反馈和分析等，最终又反馈为计划的检查、执行和调整。

4.月计划实施要细化到日追踪计划

实施的关键是各级销售人员的日常时间管理，从过去的月度追踪细化到每周甚至每日追踪。在计划刚开始实施时，可以采用逐级追踪检查的办法。

（1）销售人员制订每月、每周和每日的工作计划，并注明工作要点和执行结果，由区域销售经理进行每日（周）追踪检查。

（2）各大区销售经理要每周（月）对目标完成和计划实施情况进行检视。

（3）销售总经理须控制每月的目标和计划的完成情况。

5.对实施过程中出现的问题要及时解决

销售经理要及时了解销售人员每日销售工作情况，对各项销售目标的完成进度加以检视，同时对费用控制、市场开发、客户满意度等指标进行成果评估。针对出现的问题，销售经理应召集销售人员进行个别或集体面谈，予以研讨和指导，对那些业绩差的销售人员及新销售人员的工作态度及效率，随时给予指导、纠正和帮助。当市场上出现的突发性事件情况严重到足以影响企业产品销售时，销售经理必须立即采取应对措施，并迅速向上级报告。

在基层销售管理平台上，各区域经理在了解和承诺企业分配的销售目标及销售策略后，应召集自己的销售团队沟通研讨，制订本区域市场的具体策略和销售计划，将销售目标进一步分解到每一个销售人员，并指导其制订具体的月工作计划，然后督导其完成。

关键点提示

销售人员设计月度工作计划表有以下五个步骤：

1.建立目标管理体系；2.加强追程管理和具体指导；3.书面化各种计划；4.月计划实施要细化到日追踪；5.对实施过程中出现的问题要及时解决。

6.3 如何设计周工作计划表

工作场景描述

当销售团队需要设计周工作计划表时，可查看。

解读与分析

在销售团队的所有计划表中，以周工作计划最具有代表性，具有承上启下的纽带作用。销售团队掌握了周工作计划的设计方法，再设计其他工作计划时就会胸有成竹。设计周工作计划表是一件长久受益的事，必须注意以下几点。

1.核算出每日的可支配时间量

按预定计划项的重要性进行排序，确定对每个计划项时间投入的百分比，核算出每日的可支配时间量，则每周的可支配时间总量也就明确了。然后，按计划项的百分比划定时间即可。

2.按计划项的重要程度分配时间的原则

重要的计划项多分配些时间，反之则相对少分配些时间，忽略不可支配的时间。

3.需要连续进行30分钟的工作，最好纳入计划之中

不要因为只需要工作30分钟就不予重视，试想：一天工作8个小时，而8个小时不就才16个30分钟吗？所以，销售团队在设计周工作计划时，需要连续进行30分钟的工作，最好纳入工作计划之中。

4.不要忽视零碎时间

销售团队可将某些内容安排在零碎时间中解决，如思考问题等。我国古代思想家们在时间利用上总结的“三上”（即鞍上、枕上和厕上）的著名经验，值得借鉴。

5.留有余地的原则

留有余地的原则就是销售人员不要把所有的时间都计划得满满当当，每天都应有适当的灵活时间，每周留有一段灵活的时间，以处理预想不到的某些事务，才更有益于保

证计划的实施。

至于如何才能确定何种时间分配方案是适合自己的，应是一个经验积累的问题。销售人员可选择的策略是，先确定计划项，做出时间上的大体分配并予以实施。在实施过程中，借鉴别人的经验，结合自己的具体实施情况，做出每周的总结，再逐步对下周的计划做出调整。如此持之以恒，使之不断完善，直至能够设计制订完全适合自己的周计划方案。

关键点提示

设计周工作计划表的方法有以下五种：

1.核算出每日的可支配时间量；2.按计划项的重要程度分配时间的原则；3.连续累计满30分钟的时间，最好把它纳入计划之中；4.不要忽视零碎的时间；5.留有余地的原则。

6.4　如何设计拜访表

工作场景描述

当销售团队需要设计拜访表以收集销售人员的拜访信息时，可查看。

解读与分析

信息对销售团队是很重要的，各种报表是销售团队收集信息的主要渠道。销售团队应该根据实际需要，设计好几个需要的关键表格，如日报表、月报表、竞品信息报表、拜访表等。销售人员在设计表格方面，在保证基本信息量的前提下，力求表格设计简单明了、方便填写。以拜访表为例，需要填写的内容应包括以下几点。

1.拜访计划栏

销售人员要计划好拜访路线，确定好出行方式，以交通便利和节约费用为原则，最后是定时和定点，这要根据路线和交通工具来综合考虑，确定这次拜访的大约用时，将这些内容填写进拜访计划栏。

2.使用材料栏

使用材料栏主要填写此次拜访需要用到的产品商标、品牌宣传海报、价格牌、促销牌、设备贴纸和品牌POP广告。销售人员合理利用这些生动的材料，可以向消费者正确传递产品信息，有效刺激消费者的购买欲望，从而建立起品牌的良好形象。

3.客户资料栏

在拜访客户之前，销售人员需要提前填写当天所要访问客户的资料，这些资料主要包括客户信息、订单等。

4.时间分配栏

销售人员的客户拜访行为可以体现销售人员如何充分合理利用时间，同时还可以提高销售人员的技能。销售人员在市场拜访时一般要做到计划时间，合理分配和利用时间。

5.拜访重点备忘

此次拜访的主要任务是什么？拜访要取得什么效果？要谈哪些问题？如何切入正题？需要注意哪些问题？这些内容，销售人员都可以在拜访重点备忘中填写。

6.拜访过程记录

在拜访的过程中，销售人员可以对一些重点内容进行记录，防止遗忘。

7.回顾总结

在拜访结束后，销售人员对拜访所取得的各种信息进行回顾分析，并对本次拜访的效果进行分析，可以填写回顾总结。

销售人员在拜访客户的过程中，会掌握许多有用的信息，如消费者对产品提出的意见、竞争对手进行的新的促销活动或推出的新品、经销商是否多有抱怨、客户企业的人事变动等，除了应立即填在每日拜访表之外，若情况严重并足以影响企业产品的销售，则应立即另外填写市场状况反映表或客户投诉处理报告表，并迅速向上级报告。

关键点提示

销售团队设计拜访表要包括以下七个方面：

1.拜访计划栏；2.使用材料栏；3.客户资料栏；4.时间分配栏；5.拜访重点备忘；6.拜访过程记录；7.回顾总结。

6.5　如何通过报表发现销售人员工作中的问题

工作场景描述

当需要通过报表发现销售人员工作中的问题时，可查看。

解读与分析

销售人员的工作成绩很多时候是通过报表来反映的，同样，销售人员的问题也能从报表中有所反映。如何通过报表发现销售人员工作中的问题呢？关于这一点，销售经理可以考察下面的几个方面。

1.报表金额分析

可用下列公式对销售人员提供的报表进行分析，以确定其真实度。

（1）分析销售金额＝销售数量×单价

（2）分析进账金额＝（期末存货–期初存货）×单价

（3）分析出账金额＝销售成本×销售数量

（4）分析销售业绩＝进账金额–出账金额

2.分析存货率，盘查真实性

所谓存货率，这里指的是期末存货与一个年度的销售成本之比。对存货率进行分析是为了确定存货的合理性。实际存货的多少、存货率的高低主要取决于生产经营周期长短及资金周转速度。通过账面存货率与合理存货率的比较，就能判断报表的真实性。

3.分析收入与成本配比性

控制截留收入是报表核算的基本原则。收入与成本不配比，表现特征就是应收款项的异常，有些项目如价外费用可以不通过销售收入账户核算，由此销售经理可以估算出可能的“截留收入”。截留收入主要有隐匿销售、截留差价或价外费用不入账等情况。扩大成本主要有返利不冲减，相应成本也不冲减，外购货物改变用途或损失不做相应账务处理，而将此成本隐匿到销售成本中去，或者将非必要耗用的外购或自产货物记入了账户。由于截留收入或扩大成本表现出成本利润率、毛利率或增值率低于同行业的正常水平，控制的方法主要是销售经理弄清真实的毛利率（如抽查销项、进项发票计算），或用同行业的正常毛利率、成本利润率，推算出被隐瞒的应计税收入额。

在审查销售人员的报表时，销售经理不能凭主观臆断紧盯着表面数据，而应理性分析。近几年来，销售团队工作长时间开展而未见市场回报，许多销售人员截留收入的事情常有发生，而通过科学的审查机制和合理的分析，可以及时发现销售人员工作中的问题，做到防患于未然。

关键点提示

通过报表发现销售人员工作中的问题需要做好下述工作：

1.报表金额分析；2.分析存货率，盘查真实性；3.分析收入与成本配比性。

6.6 如何设计销售例会的内容

工作场景描述

当需要设计销售例会的内容时，可查看。

解读与分析

销售例会主要由销售经理主持，内容通常有通报点评销售工作、安排分解下月销售计划、销售人员汇报市场工作、探讨疑难问题、进行针对性培训。例会形式上应当是一种双向沟通模式。例会的参与者可以是全体销售人员，也可以是销售主管和其他部门相关人员。

1.通报点评业务工作

销售工作进行的怎样，是否按照计划在一步步实施，还是出现了哪些问题，这些内容应该作为销售例会的重点，销售经理逐一评点，让每个销售人员都知道自己和别人的任务完成情况，有针对性地予以比较。

2.安排分解下月销售计划

销售经理通过本月和以前的完成情况，对下月的销售情况做出估计，在此基础上，销售经理合理地安排分解下月销售计划。

3.销售人员汇报市场工作

销售人员在占领市场的同时，通过汇报市场工作和检查市场工作的质量，使销售经理顺利进行动态管理、强化形象、巩固战略、打击竞争，促进了合理市场布局的建立。

4.探讨疑难问题

面对激烈的竞争和挑剔的市场，销售经理不能仅仅经验、资历重复以往的方案。对出现的疑难问题，销售经理要敢于让大家知道，让团队所有成员参与到讨论中，群策群力解决问题。

5.进行有针对性的培训

销售例会的另一个内容就是开展有针对性的培训。当销售人员在讨论各自是如何取得成功的时候，对在这方面有所欠缺的销售人员来说，就是一种培训。

销售人员深入市场，有很多工作要做，如制订客户开发计划、深入市场拜访客户、解决现场问题、跟进订单并做好订单协调、催收货款、填写各种销售和市场报表、出差、处理个人事务、参加各种会议等。这么多的工作要做好，就必须及时对它们进行追踪点评，而利用好销售例会这个平台，很多时候可以取得比较好的结果。

关键点提示

设计销售例会的内容包括以下五点：

1.通报点评业务工作；2.安排分解下月销售计划；3.各业务人员汇报市场工作；4.探讨疑难问题；5.进行有针对性的培训。

6.7 如何科学安排销售例会的时间

工作场景描述

当需要科学安排销售例会的时间时，可查看。

解读与分析

销售团队的活动一般都是围绕市场展开的，在一些热点时刻，销售团队应将所有重点放在业务上。那么，如何科学地安排销售例会的时间呢？以下三种时间安排可供销售经理参考。

1.销售淡季

当销售工作进入淡季之后，此时销售经理召开销售例会，会有比较充足的时间保证，但这个时候，销售人员大都变得懒散起来，所以销售经理可以选择边度假（安排娱乐项目）边开会的方式，这样既有利于增进团队成员之间的融洽关系，同时又召开了会议，是一种一举两得的方式。

2.大型销售活动结束之后

大型销售活动结束之后，销售经理要及时召开销售例会。如果拖延的时间长了，销售人员淡忘了销售活动中出现的问题，则会议不一定能取得好的效果。

3.每月的空闲时段

一般而言，多数销售团队倾向于每月召开一次销售例会，而考虑到销售团队的活动安排，则销售例会一定要安排在每月的空闲时段。一次销售例会，真正开会的时间很短，有时只有两三个小时。销售例会最好一月召开一次，也可一周召开一次，特殊时期应根据实际情况而定。

关键点提示

销售经理科学安排销售例会的时间应在：

1.销售淡季；2.大型销售活动结束之后；3.每月的空闲时段。

6.8　如何避免销售例会流于形式

工作场景描述

当想避免销售例会流于形式时，可查看。

解读与分析

销售经理要利用月会、周会的形式召开团队会议，安排计划、讨论指标、分析客户、落实人员、检视问题、鼓舞士气。然而事实却常常不像销售经理想象的那样，实际上很多例会的效果并不好，常常出现气氛不热烈、易被突然出现的话题打断、销售指标落实不下来等问题。怎样组织销售例会才能达到预期目标？实践中又有什么可操作的技巧和有效的方法？下面一些分析和建议或许对销售经理有所帮助。

1.做好会前互动

利用企业网络或其他交流平台，做好会前互动、热身等先期准备，打有准备的仗。

2.严格执行时间安排

严格执行会期、会时，销售经理要尽可能在预定时间内完成会议程序，不要无故取消或延长会期。

3.重点突出

销售经理把最重要的问题放在前面说，并且要当众强调它，不要回避焦点问题。同时，议题不要太多，不要指望一次会议能解决很多问题。

4.以身作则

销售经理应先按照预定腹稿进行发言。尽量使发言不被打断，以免造成观点不明确、表达不完整的情况。销售经理还要为这次例会定一个调，不要人云亦云。

5.求同存异

销售经理对销售指标进行分析、分拆时，能够当场定夺的，不要拖到会后，任务或指标告知下属后，一定要让他们确认。如果某些问题复杂且集中，不能及时解决，销售经理宣布择时另议，不要急于求成求全。

6.民主化

销售经理主持会议时讲话的时间不要超过一半，最好控制在总时长的二分之一，不要搞“一言堂”；会议不仅仅能表明观点、部署任务，而且能发现问题。如果全是销售团队负责人在讲话，新问题便永远发现不了。对于时间超过一小时的会议，要安排一次中场休息，正好也可以侧面听一下与会者的反映。

7.追踪结果

销售经理要做好会议记录，比如要记下变动的时间、地区、责任人、目标量等，会议中产生重要安排、计划的，要形成决议下发给相关人员，特别是没有与会的相关人员。会议后期，销售经理要回顾一下会议预定主题是否被完全落实，以防遗漏，会后应及时听取一些有代表性的部门、人员的意见。销售团队只有积极主动沟通，才有利于改进。

销售例会在销售管理中很重要。利用例会可以做到上情下达、下情上报。例会参与者可以共同探讨市场问题，其中的领导者还可以表扬先进、鞭策落后，从而让销售人员有一种归属感、荣誉感。例会也是体现团队精神的好时机。

关键点提示

销售经理防止销售例会流于形式可以采取以下七种措施：

1.做好会前互动；2.严格执行时间安排；3.重点突出；4.以身作则；5.求同存异；6.民主化；7.追踪结果。

6.9 如何规定销售人员述职的重点

工作场景描述

当需要规定销售人员述职的重点时，可查看。

解读与分析

如果工作述职运用得当，就会极大地促进销售经理的管理工作。一般销售人员平时有很多想法不主动在公开，也不会在私下场合与经理交流，因为担心在这种场合谈了以后，经理会有一些负面想法。如果有一个工作述职的环境，销售人员就能够很好地、很自然地把自己的想法说出来了。总之，工作述职是非常重要的，是业务控制管理的重要环节，但是掌握起来却有一定难度。

销售人员在进行工作述职时，销售经理必须认真对待。如果销售经理敷衍了事，工作述职就容易走过场。在述职中要将重点放在以下几点。

1.销售渠道和零售终端的变化

近年来，市场发生了很大的变化，销售渠道的类型和零售终端出现了很多创新点。在零售终端方面，街边小店、社区便利店、连锁超市、大卖场等形式的零售终端遍布整个市场，不同的终端形式对应不同的细分市场和消费者群体。而销售人员的业务内容不可避免地要接触这些。销售人员要知道自己的销售方式与竞争对手相比有哪些优势和劣势，并通过比较分析，找到战胜对手的策略。

2.市场的消费特征

消费者行为的差异性和多样化决定了市场的复杂性。第一，市场发展环境不平衡，发达市场和不发达市场并存；第二，消费者的需求层次有高、中、低之分，销售团队可以在不同的细分市场中展开竞争来满足某一个特定的消费群体的需求。如何将这一个市场做深做透是销售团队面临的又一个问题。关键在于销售人员能否用心研究市场和消费者，分析消费者的购买行为，让消费者尽可能多地接触产品。而这些都是销售人员所应该反馈给销售经理的内容。

3.开发市场的建议

销售团队一般很少考虑如何更深层次地对现有的市场进行管理和维护，只是想更多地开发和占领市场。但是市场的广度总是有限的，受资源限制，销售团队不可能占领所有的市场，同时团队之间的竞争也日益加剧，都在争相抢占市场。在这种情况下，销售团队必须考虑如何对现有的市场进行深度开发，做深做细，提高单个市场的销售业绩和质量。可以让销售人员对这一点进行思考并发表自己的观点。

虽然工作述职对销售人员是一个挑战，但只要下决心并养成工作述职的习惯，相信销售人员对工作述职会越发游刃有余。

关键点提示

销售人员述职的重点一般涉及以下三点：

1.销售渠道和零售终端的变化；2.市场的消费特征；3.开发市场的建议。

6.10 如何做好述职中应注意的问题

工作场景描述

当需要做好述职中应注意的问题，以便述职工作顺利进行时，可查看。

解读与分析

工作述职是销售团队管理中非常重要的一个环节，销售人员要做好述职，必须注意以下环节。

1.邀请描述

工作述职是销售经理邀请销售人员来谈工作，应该首先由销售人员来描述本月的工作情况，销售经理先不要急于发言。销售人员应该从如下方面进行工作述职：回顾本月工作、分析本月工作的优点和不足、描述本月的关键动作、进行绩效分析、谈谈本月工作中的困扰问题、提出自己的工作建议、计划下月的工作。

在销售人员述职时，销售经理应该迅速整理思路，分析述职内容，发现述职中的问题。例如，销售经理听完销售人员述职后，可以发现销售人员没有完成工作业绩的原因。

2.交流探讨

销售人员描述完工作后，双方就开始交流看法。应该注意的是，工作述职是工作谈话，是平等的工作交流，不是发号施令。销售经理要用征询的语气，注意创造平等的谈话氛围，不能颐指气使。即使述职的销售人员确实有很大问题，销售经理也不宜过分指责，要保持平等的姿态，以利于销售人员自由表达自己的思想。尽量避免打扰述职期间的销售人员，如果述职中途被打断，有的销售人员可能会推翻前面的述职。另外，述职所用时间也要严格控制。

3.总结评价

双方交流探讨后，接着就是销售经理对销售人员的工作述职进行总结评价，重申重点问题。在总结评价时，销售经理一方面要指出本月工作中值得表扬的地方，另一方面又要指出工作中存在的问题，结束时还要向销售人员指明下个月的工作重点。在述职时，销售人员一定要重点讲清楚下月的详细工作计划，要把工作计划的目标、关键动作、工作细节、达成的工作结果以及它们之间的逻辑关系搞清楚。

4.填写述职记录表

工作述职结束后，销售经理要做好述职记录，认真填写述职记录表，还要明确工作要求，做好跟进计划。述职记录表基本上可以包括以下几个部分：表头、参与述职人、述职过程、销售人员述职要点、述职评价意见等。述职记录表一般是一式两份，销售经理和述职的销售人员各执一份。

5.结束述职

述职结束后，销售经理要鼓励销售人员继续努力工作，并感谢其进行工作述职。销售经理还要对销售人员的工作进行跟进检查。在随后的一个月里，销售经理要对销售人员的工作进行观察，进一步分析报表，进行在岗指导和随机的工作交流等，也就是根据述职时对销售人员的工作建议，结合销售人员下个月的工作计划，进一步跟进工作。

在述职时，销售人员一定要讲清楚自己工作计划的完成情况，并且一定要说清楚未完成部分的原因。同时，销售人员一定要讲清楚困扰自己的问题。例如，整个价格体系的制订与客户群的购买力是有联系的，本月的销售业绩不佳，其原因到底是客户群不太好，还是企业产品的定价有问题。而销售经理要通过这些反馈信息来改善销售计划，从而达到提高业绩的目的。

关键点提示

销售人员要做好述职工作应注意以下五个环节：

1.邀请描述；2.交流探讨；3.总结评价；4.填写述职记录表；5.结束述职。

6.11 如何在述职中与销售人员有效沟通

工作场景描述

当需要在述职中与销售人员有效沟通时，可查看。

解读与分析

述职是为了更好地总结过去，以便将来更好地开展工作。但是，由于管理者和被管理者之间存在天然不协调性，对于销售人员而言，更多的时候，述职只是一项工作、一项任务，而不是一种驱动。所以，销售经理加强述职过程中的沟通是非常重要的。

1.考虑对方的情况

销售经理要尽可能获得有关销售人员目标的信息，如他想要怎样、他需要什么、他的要求是什么……这些都是在沟通中需要注意的方面，可以帮助销售经理了解销售人员的行为。了解这些信息后，销售经理便能根据销售人员的情况找到解决冲突的最佳办法。值得注意的是，当交流很难进行时，销售经理要避免攻击销售人员，不要谈及个人品行。

2.以积极的态度进行

不管问题到了什么程度，如果销售经理试图去解决它，就应持有积极的态度。或许可以做出小小的让步。研究表明，做出让步往往容易得到回报，从而取得共识，还可以进一步营造出积极的氛围。

3.坚持正确的、客观的标准

销售经理应该用正确的和客观的标准，通过交流做出决定，而不要以情绪和压力来做决定。有经验的管理人员往往能在冲突中实现有效交流，并能促使冲突双方利益最大化，实现双赢，这是冲突交流的最高境界。

4.不必太在意开始时提出的条件

在交流双方看来，最初所提出的条件必须坚持，然而，作为销售经理，建设和管理好团队才是最重要的。因此，销售经理不必太在意开始时提出的条件，而可以将这些条件当作交流的出发点。销售人员要明白最初提出的这些条件一般是极端的和理想化的，要学会取舍，这样才可以创造其他可能性。

关键点提示

销售经理在述职中与销售人员有效沟通需要做到以下四点：

1.考虑对方的情况；2.以积极的态度进行；3.坚持正确的、客观的标准；4.不必太在意开始时提出的条件。

6.12 如何面对销售人员工作中存在的问题

工作场景描述

当面对销售人员工作中存在的问题时，可查看。

解读与分析

一名销售人员在工作中存在问题，无外乎内在和外在两方面原因。内在的原因多是销售人员太年轻，客户信任度不够，性格内向或性格太倔不适合做这个行业，其对行业、对企业、对自身信心不足或失去信心，或者其本身工作意愿不强，懒于精通业务，技术水平太差，表达能力差等几方面。外在的原因多是家人不支持其做销售工作，生活圈子较小、人脉弱，为人不好，人缘很差，本身是兼职，展业时间不足等几种原因。这些原因中有些是很难克服的，有些则是很容易改善的，下面就针对具体原因阐述具体的改善方法。

1.对年轻的销售人员要帮其分析原因，进行陪访

如果销售人员的业绩较差是因为其本身年轻，难以得到客户信任，那么团队中的销售经理就要对这件事负责。年轻人很有激情，可以起到提高团队士气，使团队富有朝气的作用。如果这位销售人员潜质很好，且对销售这个行业很有热情。那作为销售经理就要对其进行支持，帮其分析客户资源，找出适合他的客户群及较容易开发的客户。并且销售经理要进行陪访，直到他完全坚定信心、熟练展业技术。在这个过程中，销售经理的耐心比技术更重要。

2.对性格内向的销售人员要引导其融入团队文化之中

从心理学的角度来分析，性格内向的人属于内心封闭者。对已经进入团队的这种性格的销售人员，销售经理可以引导其融入团队文化中，如果他们能开放思想，认同团队文化，那么销售经理要帮其树立信心。这种性格的人一般都很认死理，只要能让其对所从事的职业产生认同感，那么他们往往能取得出人意料的成绩。在这个过程中，销售经

理的耐心与技术同样重要，因为此类性格的人很容易崇拜强者，身边榜样的力量能令其暗暗效仿，并做出不错的业绩。

3.对性格很好强的销售人员要进行正面的引导

性格很好强的人，在团队中喜欢出风头，不招人喜欢，容易制造负面影响，是团队矛盾的制造者。但是这种人的能力一般都较强，而且很有毅力，一般也能签到订单，但签大单的机会不多。如果团队中有这种销售人员，销售经理可以对其进行正面的引导。如果其仍然一意孤行，只要他不影响团队的安定团结，那销售经理只需放低关注度，让其自己接受市场的考验就行了。但是如果其在团队中不断制造负面因素，影响团队的安定团结，那么销售经理就要果断处理，决不姑息。毕竟团队整体的安定比一两张订单更为重要。对待这种产能较低的销售人员，销售经理的魄力比能力更为重要。

4.对企业不满的销售人员要帮其消除心结

如果销售人员对企业不满，要及时将情况反映到企业高层，如果不能将其心结打开，他们很可能就此产生不满而消极怠工。

5.对行业、对自己没有信心的销售人员要帮其重树信心

对行业、对自己没有信心是新销售人员的一种很正常的心理。有句行话说：“老销售人员是懒死的，新销售人员是怕死的。”面对这种销售人员，销售经理只需要真诚地关心与鼓励，帮其分析客户需求、挑选客户，陪其拜访、帮其促成，一两次之后便能帮其树立信心。这种销售人员只需帮其挺过头三个月的“危险期”，便能很快拿出稳定业绩。

如果销售人员在性格上有缺陷，就很难得到客户的认同，业绩差是正常现象。如果性格有缺陷的销售人员进入了团队，那就说明招聘环节出现了问题，人力部门及销售经理要负全责。

关键点提示

销售经理帮助销售人员解决工作中存在的问题可以从以下五个方面着手：

1.对年轻的销售人员要帮其分析原因，进行陪访；2.对性格内向的销售人员要引导其融入团队文化之中；3.对性格很好强的销售人员要进行正面的引导；4.对企业不满的销售人员要帮其消除心结；5.对行业、对自己没有信心的销售人员要帮其重树信心。

6.13 如何加强对优秀销售人员的管理

工作场景描述

当需要加强对优秀销售人员的管理时，可查看。

解读与分析

销售市场竞争日趋激烈，要求企业经营管理更加深入化和精细化。由于优秀销售人员的不稳定性对企业竞争力、经营效率和经营安全构成的威胁已逐渐显现，企业加强对优秀销售人员的管理也就显得非常重要了。

1.加大再培训力度

优秀销售人员是促进企业成长、扩大市场份额和提高获利能力的关键因素之一，能发现获取竞争优势和利润的机会。大多数企业投在销售人员身上的成本只占销售额的一小部分，此外还有一部分交易和促销方面的开支是被销售部门用掉的。对企业感到信心十足的优秀销售人员人数较少，因此，企业加大对优秀销售人员的再培训是十分必要的。

2.加强建立关系的能力

在当今的关系型营销环境中，优秀销售人员的一个重要特点是：他们都是解决客户问题的能手，是与客户发展关系的行家，能够敏锐地把握客户的真实需求。客户更希望销售人员成为其“业务伙伴”而不是“玩友”，优秀的销售人员都很清楚这一点。所以，加强建立关系的能力，就是让工作突出的销售人员更加关心客户的利益，关心客户的业务发展方向。

3.培训严谨的工作作风

不管销售人员的内在动力如何，如果他们组织松散，凝聚力不强，他们就会难以满足客户越来越多的要求。优秀销售人员之所以有时候能碰到好运气，是因为他们总是有备而来。对工作突出的销售人员，企业更要加强其工作作风的严谨度，使他们取得更加突出的业绩。

关键点提示

加强对优秀销售人员的管理应该做到以下三点：

1.加大再培训；2.加强建立关系的能力；3.培训严谨的工作作风。

6.14　如何进行合理的团队分工

工作场景描述

当需要进行合理的团队分工时，可查看。

解读与分析

良好的分工不仅可以减轻销售经理的负担，而且可以使团队工作起来更加富有激情和自信。以下是进行团队分工时最需要注意的几个步骤。

1.放松控制

无论多么强有力的销售经理，都不可能插手所有的事情，也不可能把握所有的细节。亲自做一项工作在短期内也许能节约时间，但销售经理也要衡量一下如果不进行分工所带来的长期损失。因此，销售经理应尽量忍住干预具体工作的冲动，给团队成员更多的自由去独立做出决策，让每个人各负其责。

2.注意分工的和谐

销售经理将工作分散开来，并尽量使个人优势与其所承担的工作类型相匹配，尽力开发出他们隐藏的兴趣或可供利用的潜能。不妨给每个人发一张调查表，让他们在“爱好以及特长”这一栏填上他们最感兴趣的项目。有了这样的清单，就能够将特定的工作分配给那些能够热情执行的成员了。

3.进行分工对话

销售经理允许团队成员参与工作草案的拟定和决定是完成任务的最好方式。销售经理与团队成员展开讨论，描述工作的目标或者挑战，并请他们帮助探讨有效的解决方案。当销售经理与团队成员共同定义工作的性质和范围时，他们就会更加关心这项工作。这样，不仅会产生更好的结果，而且会使销售经理的工作更为容易。

4.给出好的指示

销售经理要以清楚有效的方式来告诉团队成员他们需要做什么。分工的方式将在很大程度上决定团队成员是否有良好的反应和是否能够很快地理解工作要点。做出好的指示的关键在于进行良好的沟通。当销售经理做出指示时，应当提供具体关键的细节，比如这个项目的目标和完成期限等。同时，销售经理也要避免过度解释或者提供太多信息。要知道，销售经理指导过细会限制销售人员的发挥并影响团队成员的情绪。

5.为可能发生的失败做好准备

当失败发生时，销售经理不要急于责备团队成员。销售经理先收集完信息，确信已经对所发生的情况有了正确的了解之后，再进行详细评论。销售经理评论的重点也并非表达失望之情，而应关注于问题的解决，鼓励团队成员考虑解决方案，和团队成员一起努力设计最佳方案挽救目前情况。一旦从故障中恢复过来，销售经理也不要竭力追究责任，而应尽量从分配任务的疏忽和团队成员执行的失误中吸取教训，防止再次发生问题。

团队工作依赖于成员的贡献。建立良好的分工体系是一个长远的过程，销售经理要充分利用每一位成员的优势，让他们成为团队更有价值的财富。

关键点提示

进行团队合理分工有以下五个步骤：

1.放松控制；2.注意分工的和谐；3.进行分工对话；4.给出好的指示；5.为可能发生的故障和失败做好准备。

6.15　如何进行有效的团队授权

工作场景描述

当需要进行有效的团队授权时，可查看。

解读与分析

利用完善的授权系统，团队能够自主完成任务，而不需要有太多监督。授权不是简单的命令和资源分配，也不是一个自然而然的过程。销售经理必须持续审慎地关注整个授权的实际过程。

1.确认适合于授权的工作范围

对于一项工作，销售经理分析其授权的可能性是非常必要的。为了避免事必躬亲，可让团队成员自主进行风险较低、不会影响大局的决策。一些日常的业务性工作，如搜集资料、编写报告、拟定计划方案、初步甄选和非关键问题的解决等，当这些任务被用来授权给团队成员，可以提高团队的自信。

2.明确授权的对象

只有了解团队成员，才能正确授权。销售经理应当选择那些有能力胜任又有工作意愿的团队成员来承担责任。若同时授权给两个或两个以上的人时，一定要指定负责人。优秀的团队领导者并不完全依照技术能力以及工作表现来授权，充分发挥成员潜力和工作积极性才是最大的成功。

3.交代工作

销售经理向授权对象说明授权原因以及任务完成后的验收标准，提醒授权对象所拥有的权限以及在执行工作过程中可能遇到的困难，避免过细而又显得多余的技术性分析，着重处理关键事件和重要决策。此外，销售经理还要向授权对象表达肯定和信任，并获得授权对象的承诺，这是最重要的。

4.加以适当的控制

授权并非意味着可以完全置身事外，如果不加控制，带来的后果可能是灾难性的。授权的关键在于从根本上确保任务的交接转移顺畅成功，这需要时间、计划和能追踪授权进程每一步的监控系统。但是，也不要监控得太紧，团队成员应当有自由发挥和犯错的空间。

5.评估授权绩效

在授权时，销售经理必先确立并公布绩效评估标准，这有利于协助双方适时衡量工作的成果。保证完美的绩效或稳定的绩效都是不容易的，授权任务的分配应该由易到难，只有完成当前任务后方可追加新任务。

6.记录授权过程，形成文件

建立完善的行动计划，考虑授权的每一细节，诸如目标、范围、标准等执行程序，为一项新任务如何从管理层控制之中转移到团队控制之中提供文件说明。

关键点提示

销售经理进行有效的团队授权的方法如下：

1.确认适合于授权的工作范围；2.明确授权的对象；3.交代工作；4.加以适当的控制；5.评估授权绩效；6.记录授权过程，形成文件。

6.16　如何在团队中更加有效地推行变革

工作场景描述

当想在团队中更加有效地推行变革时，可查看。

解读与分析

作为销售经理，如何让团队成员更容易接受、适应变革呢？可以按照下面的办法进行。

1.为变革制订蓝图

在计划和实施变革之前，销售经理要让团队充分了解这一蓝图，并说明最终结果将会使所有人受益。众所周知，人们不会拒绝他们能从中获益的变革。销售经理要帮助成员回答这样一个基本问题："我能从中得到什么？"

2.征询所有成员意见

销售经理留出一些空间，让成员参与进来。销售经理要考虑所有部门以及人员的利害关系，在细节上留出一些弹性，让团队成员自己做出调整去适应变革。销售经理要公平、真诚地对待由于变革而产生负面效应的人，了解团队成员的抵触心理，并帮助他们做出调整。

3.事先为变革做出计划

销售经理要把大变革分解为小变革，按照一定顺序逐步实施，留出一些时间让成员去消化变革计划，并且逐步适应，只有这样，变革才能继续进行。销售经理传达变革，讨论新任务、新责任以及新的关系时，要反复检查以确保所有成员都充分理解了所传达的制度。销售经理要为实施变革提供必需的支持和帮助，确保成员接受了知识或技能培训以适应新的变化。

关键点提示

销售经理在团队中更加有效地推行变革的方法有以下三种：

1.为变革制订蓝图；2.征询所有成员意见；3.事先为变革做出计划。

6.17 如何增强团队领导的适应能力

工作场景描述

当需要增强销售团队领导的适应能力时，可查看。

解读与分析

销售经理的适应能力事关团队工作的成败。想要成功领导团队，与其改变个性，不如试着调整自己的领导风格。加强领导能力的途径包括以下几个方面。

1.培养洞察力

销售经理要多训练自己的观察能力，能够不断地审视当前情况，以及其他人的反应。例如，团队的成熟度如何？团队处于哪一个发展阶段？哪一种启发或激励团队成员的方式最有效？认真仔细观察能增强自己的领导能力、扩展了解团队工作的能力。启发式领导者善于利用观察艺术了解现状，并且会学习解读自我的领导行为。

2.调整领导方式

没有所谓的最理想的方式。销售经理应当随着团队成熟度的提高，适时调整改变领导方式以适应新情况。如何调整以及调整多少，仍需要通过观察团队与个人需要，以及结合目前的形势发展来做出判断。

3.适当即兴发挥

所谓即兴，并非胡来，而是销售经理先洞察形势，回忆原有的各种应对方式，然后采用最佳领导方式以应对出其不意的挑战。过于固定的领导风格并非永远管用，懂得在分析与直觉间取得平衡的人，才能成为一个具有高度适应力的领导者。因此，增强领导适应能力的方法还包括建立自信、开发创意、勇于冒险和不断尝试。

以正面心态回应团队挑战，做一个具有适应力的领导者，不断调整并取得最佳的领导方式，会促使自己的团队变得更成熟、更主动。

关键点提示

销售经理增强团队领导的适应能力有以下三个方面：

1.培养洞察力；2.调整领导方式；3.适当即兴发挥。

6.18　如何有效处理团队冲突

工作场景描述

当想有效处理团队冲突时，可查看。

解读与分析

当团队发生冲突时，销售经理首先要对冲突的性质进行全面细致的分析，然后根据冲突的不同性质，采取适当的方法有针对性地加以解决。有效处理团队冲突的方法有如下几种。

1.竞争法

竞争法是指在团队冲突处理中寻求自我利益的满足，而不考虑他人影响的方法。其适用于需要团队做出快速的、重大的决策或执行重要但不受欢迎的行动计划等情况。采用这种做法时，冲突的真正起因得不到很好的解决，销售经理应当充分考虑受负面影响一方的情绪。

2.迁就法

迁就法是指在团队冲突中为了维持友好的关系，一方愿意自我牺牲，以服从他人观点的方法。这种做法适用于团队工作重点在于营造和谐、平静的气氛或为团队成员提供尝试机会的情况。这种做法的不足之处是，如果在重要问题上迁就，有可能让团队成员觉得销售经理过于软弱。

3.回避法

回避法是指当发生团队冲突时，冲突双方希望抑制冲突而采取的既不合作又不维护自身利益，使其不了了之的做法。它适用于团队冲突起因是琐碎小事，或冲突带来的益处抵不过害处的情况。这种做法的缺点是只能缓解团队冲突，而无法主动化解。

4.合作法

合作法是指在团队冲突中，冲突双方一起寻求解决问题、进行互惠互利的双赢谈判来解决冲突的做法。它适用于冲突双方有着共同的目标，或冲突原因是误解或者缺乏交流等情况。这种做法的弊端是需要一个漫长的谈判和达成协议的过程，且有时在解决思想冲突上不一定有用。

5.妥协法

妥协法是指冲突双方都放弃一些应得利益，以求共同承担后果的方法。它适用于为复杂问题寻求一个暂时的解决方案，或冲突双方势均力敌的情况。这种做法的缺点是不可能通过妥协达成解决问题的最佳方案。

上述五种冲突处理策略各有优点和缺点，当销售经理面对冲突情况时，应当具体问题具体分析并加以妥善解决。建议销售经理和团队成员一起，更好地了解彼此，从而快速寻求有效的方法解决冲突。

关键点提示

销售经理有效处理团队冲突有以下五种方法：

1.竞争法；2.迁就法；3.回避法；4.合作法；5.妥协法。

6.19　如何请表现差的成员离开团队

工作场景描述

当团队成员有过分行为，严重影响团队正常运转，需要请成员离开时，可查看。

解读与分析

在个别情况下，销售经理将不得不解雇表现极差的团队成员。此时，如果不妥善处理，可能会给团队带来无法估量的危害。

1.澄清必要理由

销售经理应当找到强有力的理由，如不诚实、经常迟到、滥用职权、性骚扰或是生产效率低等，才能解聘员工。此外，销售经理应当找有经验的法律顾问谈一谈，以免违反相关法律。当然，销售经理也需要注意开除程序符合企业的任免条例并且事先征求企业的意见。

2.及时向团队交代情况

在解聘某位团队成员之后，销售经理应当把余下的团队成员集中起来，并向他们交代这件事情的来龙去脉。销售经理不要过分向大家渲染被解聘者的劣迹，应当表明对解聘这件令人不愉快的事情感到非常遗憾，并且说明这个决定不含个人感情色彩，还应当向团队成员解释，之所以请他离开，是因为该成员在团队中的表现影响了团队的工作进度。团队成员以后会对此情况加以注意，并且能理解销售经理的感受。如果有必要，销售经理还要指出成员离开团队绝不是因为个人能力问题，而是由于他的行为表现不适合继续留在团队工作。

3.重新树立团队信心

销售经理应当让团队成员相信，销售经理是为了团队的利益才解聘某个成员的，让他们相信团队将会发展得更好。销售经理要让所有留下来的人都相信自己对团队很有用，而且每个人都为团队做出了很大的贡献。

4.重新安排团队工作

想要剔除某个不胜任的团队成员，通常很难轻易如愿。原因在于，团队可能少不了这个人的专业技能，或者原本已经安排好了的工作会因为这个人的离开而必须改变。因此，某个成员离开后，销售经理应当找新人接替，使之尽快适应新工作，并重新调整原来的进度计划。

关键点提示

请表现极差的成员离开团队时，销售经理要做好以下四点：

1.澄清必要理由；2.及时向团队交代情况；3.重新树立团队信心；4.重新安排团队工作。

6.20 如何培育拥有自我管理能力的团队

工作场景描述

当销售经理需要通过培育自我管理团队以分解权利与责任、提高工作效率时，可查看。

解读与分析

从一般团队通向自我管理式团队是一个循序渐进的过程。

1.征得上级的支持与理解，取得高层的授权

销售经理培育自我管理式团队时，除了做好准备工作外，还应获得外界，尤其是上级的支持与理解。传统上由领导者决定授权哪些工作给这样的团队，包括自主招聘、分发奖金或增加工资、奖惩、项目设计、解聘等。自我管理式团队与其他部门和团队协调，实行自我评估。

2.明确推行自我管理式团队的目的

要想培育自我管理式团队必须有充分的理由，销售经理应该采取较为正面的态度努力解释其看法与期望，如提高生产力、改善质量、增进顾客满意度、减少人事变动等。相反，如果仅仅因为跟风而培育自我管理式团队，而不是出于自身需要，那还是保持原样为好。

3.不断交流，与团队成员分享变革的观念

所有与团队相关的人，都需要清楚自我管理式团队所带来的所有转变。有人可能会欢迎，有些人却需要花更多时间才能接受。如果销售经理察觉不到团队成员的抗拒心理，并不等于众人毫无异议，更有可能是团队成员根本不了解要干什么。销售经理必须妥善对待团队成员的抗拒心理，找出抗拒的根源，并体谅团队成员畏惧和不安的感觉。

4.做好遭遇挫折的心理准备

在领导者已无绝对权力的自我管理式团队中，团队成员纷争很容易产生并白热化。有人可能会怀念没有纷争的监督式领导管理方式。让团队成员学习如何不以传统方式寻求解决之道，努力抑制对过去的怀念，是一个艰难的过程。

5.为团队成员提供相关训练

转型期间，自我管理式团队成员应该学习如何在新模式下解决问题，认识新领导方式的本质，以及制订衡量工作进展的新标准。此外，团队成员还应具备理解自身责权范围、进行自我评价的能力。

6.重新制订和正确贯彻新的工资制度

新的工资制度可能是领导层最担心失控，成员最不易正确理解的变化。销售经理对成员在这方面进行必要的指导和监控，是有必要的。

培育自我管理式团队可以说是一条充满荆棘的道路，甚至会遇到意想不到的阻碍。毕竟让团队成员学会自己做主，可能会花上很长一段时间。因此，如果销售经理决定在团队中实行自我管理，必须有一个长远的计划才行。

关键点提示

培育拥有自我管理能力的团队的方法有以下六种：

1.征得上级的支持与理解，取得高层的授权；2.明确推行自我管理式团队的目的；3.不断交流，与团队成员分享变革的观念；4.做好遭遇挫折的心理准备；5.为团队成员提供相关训练；6.重新制订和正确贯彻新的工资制度。

第7章

销售人员绩效考核常见问题

对销售人员进行考核，一方面是决定销售人员报酬、奖惩、淘汰与升迁的重要依据；另一方面对销售人员的业绩进行检查和分析，可以帮助他们进步。销售管理的一个重要内容就是培养销售人员的销售能力，而适当地运用考核测评制度，再结合酬劳，就可以有效提高销售人员的能力，从而带动销售团队的不断进步和销售业绩的不断提高。所以，如何设计并实施合理的销售团队考核测评制度，是关系销售团队建设的重要方面。

7.1　如何把握绩效考核的原则

> **工作场景描述**
>
> 当要把握绩效考核的原则时，可查看。

解读与分析

对销售团队成员的绩效测评是促进团队建设和开展销售业务的有力工具。许多销售经理在看待绩效评价过程的问题上缺乏远见，对评价不甚重视，他们只考虑到近期的几个绩效事例，然后就在这些事例的基础上做出不完整的评价，过后即抛诸脑后。事实证明，销售经理仅仅用销售量来考核销售人员的业绩是狭隘、短视、急功近利的，对销售的长远发展有负面作用。对待考核测评的方式如下。

1.销售人员的绩效考核可以采取目标考核的方式

销售经理把团队的年度销售目标分配到具体产品或区域，然后分配给具体的销售人员。在分配目标的同时，销售经理必须进行资源分配，设定具体目标后，就可以采取目标考核的方式对销售人员的绩效进行考核。

2.必须让绩效考核成绩与销售团队利润挂钩

评价销售人员绩效的关键是销售利润而不是销售数量，要结合销售时的价格、费用、折旧、收款期、坏账率，总体考核“销售人员的获利率”。这种报酬机制的关键在于计算盈利因子。为了鼓励销售人员为销售团队做出最大贡献，销售业绩应该乘以盈利因子。这使得销售成绩与销售团队利润保持同样比例的变动关系。规模比较大的企业需要建立企业ERP系统，企业利用该系统提供的数据，可以很容易地求出盈利因子。

团队需要定期请客户评价销售人员的服务绩效（如产品知识、服务建议、技术指导、送货及时性等），销售经理在一定的参数基础上，也可对销售人员进行定性考核，如考核销售人员的团队合作精神、工作热情等。当然，这样得出的数据只能作为参考数据，还要参照销售人员作业是否规范进行考核。销售团队在物流、资金流、信息流上都要有明确的流程、规定，此外，还要有相应的检查系统、反应流程、规定执行情况的反馈系统等。

关键点提示

销售经理针对考核测评要认识到以下两点：

1.销售人员的绩效考核要采取目标考核的方式；2.必须让绩效考核成绩与销售团队利润挂钩。

7.2 如何设计合理的绩效考核程序

工作场景描述

当想设计合理的绩效考核程序时，可查看。

解读与分析

绩效考核中最难的是"缺少考核信息"，无法评价指标完成情况，因此必须建立高效的考核管理信息系统。另外，销售经理要遵循一定的考核原则，这样对考核的顺利进行也很有帮助。

测评规则，就是企业或销售经理为团队成员建立的绩效"标杆""尺度"。有了这些尺度，才有团队成员努力的目标，才会有衡量、评估的标准，例如销售额、利润、成本指标。许多企业都通过考核量表中的"考核要素"或"考核因素"将绩效标准表达出来。有了绩效标准后，销售经理就要在日常工作中主动、有计划地观察下属的行为，并将其中的一些关键性行为（正面的或负面的）记录下来，以便分析并提出解决的办法，作为评估的事实依据。

1.事先让销售人员知道测评规则

销售经理为下属销售人员设定绩效标准，就是为其设定一个可参照执行的规则。销售经理要告诉下属，销售团队希望他怎样做，这样做有什么样的结果。

有的销售人员老犯错误。其实犯错误的原因在于，销售人员事先不知道这么做会犯错误，因为事先没有人告诉他标准是什么。

销售经理要做事先引导，而不是事后盖棺定论。如果销售经理事先给出明确的规定，销售人员已经知道什么样的行为可以得到8分，什么样的行为可以得到10分，他实际上就会回避2分、4分、6分的行为，追求8分、10分的行为。

2.共同确认

在针对绩效标准的设定进行沟通的时候，销售经理要和下属销售人员共同确认，要让他知道在什么情况下给他什么分，而不是暗箱操作，真正使绩效标准起到激励、引导的作用，从而使绩效标准不仅仅是一个门槛，而且是一个前进的方向。

3.分析设定测评重点

考核的重点要根据分析设定，不可一成不变。比如说，销售团队里的员工沟通能力是最欠缺的，而且已经严重影响工作的绩效，在当年考核当中，销售经理就要考核大家的沟通能力，其他能力可以先不考核。由于人的精力、时间和企业的投入都是有限的，设定太多的标准，反而有可能达不到，所以要进行分析以设定测评重点。如果发现绩效当中的短板，就要通过对新绩效标准的设定来弥补上一次绩效考核当中的不足，不断促进销售人员进行改善，这就是绩效的循环。

4.重视获利考核

企业需要重视对销售人员获利能力的考核。销售人员的目标是使自己的销售业绩最佳，不管这种业绩是如何衡量的。如果销售人员的绩效是以取得的销售业绩来衡量和付酬的，那销售人员会只注重销量，而不管商品对顾客的价值和对企业的利润。目前，企业都很重视对销售量的考核，但对获利的考核却不够重视。例如销售部门的人员积极劝说企业负责价格制订的人员把价格降低，并提供很多似是而非的市场情报，如“竞争对手都降价了，我们如果不跟上就卖不动了”。其实促销手段很多，并不是只有价格战这个办法。但对销售人员来说，这是最省力的途径，销售量上升可以直接给自己带来经济上的好处。但是，如果销售人员没有站在企业的角度上考虑问题，价格降到一定程度，企业就会“赔本赚吆喝”，卖得越多赔得越多。

在部门考核方面，销售团队必须在部门考核基础上增加对部门团队绩效贡献效率的考核，以鼓励各部门更多地关注团队的整体利益。在人员绩效考核方面，销售团队一方面需要保持对人员关键指标的考核，另一方面需要增加运作执行及其对团队整体绩效的贡献两方面的考核指标。

关键点提示

把握考核测评的原则，销售经理需要做到以下四点：

1.事先让销售人员知道测评规则；2.共同确认；3.分析设定测评重点；4.重视获利考核。

7.3 如何设计在岗考核标准

工作场景描述

当想设计在岗考核标准时，可查看。

解读与分析

销售人员的在岗评价，就是销售经理对销售人员的工作表现所做出的判断。如何正确地对销售人员进行评价，是一个常常困扰销售经理的问题。销售经理可以采用三维度评价法。三维度评价法主要从如下三个角度来评价：第一，评价销售人员的个性因素，就是看个性是否适合所从事的销售岗位；第二，评价销售人员的动力性因素，就是看他工作是否积极、主动；第三，评价销售人员的能力性因素，就是看他的业务技能是否能够达到销售岗位所应达到的要求。

1.个性因素

在三维度评价中，个性因素是最重要的，有的人天生就不适合做销售。销售人员应具备的个性特点包括以下几点。

（1）自信。这是销售人员应该具备的非常重要的一个特点。自信的销售人员相信自己可以做好销售，可以取得高收入，可以成为销售冠军。即使做得不好，也不会怀疑自己的能力，而会认真寻找失败的原因。

（2）平等意识。一个优秀的销售人员应该有与客户平等的意识。有了这种平等的意识，客户购买了企业的产品后，销售人员才会觉得心安理得。销售人员会认为，客户愿意购买他的产品，是因为他的产品具有优点，具有很好的售后服务，客户的货币与产品是等价交换。而一般的销售人员会在潜意识里觉得自己比客户低一等，客户购买他的产品是看得起他。

（3）漠视挫折。对销售人员来说，挫折简直是家常便饭，没有挫折的销售几乎是没有的。因此，对一个销售人员来说，拥有漠视挫折的个性是非常重要的。优秀的销售人员遭受挫折后，能够很快调整过来，继续努力。一般的销售人员一旦遭受挫折，就心灰意冷，低落的情绪会持续很久，需要很长一段时间来调整，有的人甚至一蹶不振，根本无法调整低落的情绪。

（4）好争胜负。成功的销售人员还要具有好争胜负的个性。具备好争胜负个性的销售人员永不言败，在遇到挫折时，不甘心失败，会想尽各种办法把业务做好。这种人也喜欢与自己的同事比较，在业绩上总想超过别人。

2.动力性因素

动力性因素其实就是指销售人员的工作状态，这种工作状态有如下四种。

（1）积极。销售人员的工作状态积极主动，是指工作热情很高，不需要销售经理的督促或强制，就能够积极主动地工作。例如，销售人员在打电话、发传真、与客户沟通、参加例会、业务培训等方面都非常积极主动。

（2）随机。随机是仅次于积极的工作状态，销售人员的情绪随着业绩的好坏而时好时坏。当业绩突出时，销售人员的工作情绪就会高涨；相反，业绩差了，销售人员就像霜打的茄子，无精打采。

（3）懒散。销售人员懒散的工作表现是，整天无精打采，好像没有什么东西可以刺激他，只有不得已时才工作。

（4）抵触。抵触的工作状态，是指销售人员不愿意做销售工作。产生抵触的原因是销售人员对销售团队有看法，或者与经理有矛盾，思想疙瘩没有解开。

3.能力性因素

要评价销售人员的能力可以从三个方面进行：知识、技能和努力。

（1）知识。包括产品知识（销售人员应该掌握的产品知识主要包括产品的型号、产品的组合、产品在什么情况下适用，以及产品能给客户带来什么利益等等）、客户知识（指销售人员对客户的了解程度。销售人员对客户的了解是来自实践观察，还是来自猜测）、市场知识（指销售人员对市场动态的了解，尤其是对竞争对手的了解。例如了解竞争对手的产品系列、产品的特点、价格策略、服务方式等）、流程知识（指做成业务要经过哪些环节，这些环节中有哪些是关键环节，这几个关键环节应该如何来做，在这些环节中容易产生什么问题）。

（2）技能。包括沟通技能（指销售人员与领导、同事和客户的沟通技能，尤其是与客户的沟通技能非常重要）、呈现利益（指销售人员把企业产品或者服务的利益呈现给客户的能力。这里需要注意的是，在呈现利益时，并不是简单地说企业的产品便宜，企业的产品特别适合客户）、判断技能（销售人员能够很快判断客户类型的能力。客户的类型有两类：一类人是有钱但缺少购买企业产品或要求服务的意识；另一类人是现在没有钱但将来有钱，有购买意识）、促单技能（促单签约的能力，或者是投标阶段运作的能力，对销售人员来说，这种能力也是非常重要的）。

（3）努力。可以从以下四个方面来考察销售人员的努力程度：努力的次数（例如销售人员出去拜访客户的次数够不够，与客户打电话的数量多不多）、努力的方向（例如以效能为导向的销售团队，可以看销售人员的客户群对不对）、努力的内容（例如销售人员每天工作的内容是否与销售团队要求的努力方向一致）、努力的质量（指销售人员最终努力达成的结果和质量）。

评价后，销售人员有以下几种行动策略：辅导、激励、观察、调整。一般来说，销售人员将这几种行动策略综合使用效果会更佳。

关键点提示

设计在岗测评的关键要把握以下三个因素：

1.个性因素；2.动力性因素；3.能力性因素。

7.4 如何客观对待唯业绩论考核标准

工作场景描述

当要客观对待唯业绩论考核标准时，可查看。

解读与分析

对于一个销售人员来说，他的成功在于超人的业绩和推广企业形象，二者密不可分。在唯业绩论的考核测评中，需要从考核的方式和考核内容来把握，下面的要点需要注意。

1.分为定量和定性两部分来定期考核

企业对销售人员的考核应该分为定量和定性两部分。定量考核包括考核销售人员的销售结果，如销售额（这是最常用的指标）、回款额、利润额、市场占有率（特别是区域性销售人员在该销售区域与竞争对手相比之下的市场占有率，是体现该区域销售成绩的重要数据）和客户数；定性考核包括销售人员每天平均拜访客户次数、每次访问所用时间（这是为了考核销售人员工作的努力程度），这些活动是为了提升企业的持续发展能力和竞争力，虽不会直接表现在即期的目标中，但也需要重点关注。

2.重点考核销售人员的销售行动

考核销售人员的销售行动时一般采取报告制度。销售经理考核其执行情况（前提是已经由制度做出了明确的规定）、访问的成功率、每天销售访问的平均收入（衡量销售人员的工作效率）、每百次访问平均得到的订单数（与每工作日平均订单数结合起来考虑）、销售费用与费用率（衡量每次访问的成本及直接销售费用与销售额的比率，如果销售价格偏低，而交际费、礼品费、交通费及其他推销杂项费用偏高，说明销售量的含金量不高）、一定时间内开发的新客户数（这是销售人员对企业的特别贡献）、一定时间内失去的老客户数、客户满意度（衡量销售人员为客户服务的情况，企业只有让顾客满意，才会有源源不断的业绩）等。

考核测评关系到销售人员在晋升、加薪、奖励等方面的激励资源的分配，这使它显得尤为重要，实施优质的考核测评的意义也正在于此。

现在的绩效考核需要销售经理参与考核的具体事宜，其中重要的一项就是为销售人员制定考核标准。

关键点提示

实施唯业绩论考核需要注意以下两点：

1.分为定量和定性两部分来定期考核；2.重点考核销售人员的销售行动。

7.5 如何利用目标管理法进行绩效考核

工作场景描述

当想利用目标管理法进行绩效考核时，可查看。

解读与分析

利用目标管理法进行绩效考核是近年比较流行的管理方法之一，销售团队一旦确定目标，便开始实施目标，而目标的实施过程就是信息的传递和转换过程。因此，信息工作是目标管理基础工作的重要内容，是目标管理得以正常运转的纽带。运用目标管理法必须注意以下几点。

1.直接的沟通

在上级与下级直接沟通下，销售经理定下团队成员未来一年的发展重点及要完成的任务。这种方法的优点是被评估者的充分参与，使其更容易接受评估的方法，缺点是在企业里各部门没有一个统一的系统，相类似的岗位对部门甲跟部门乙考核的方法可能不一致，容易造成不公平的现象。

2.建立统计制度

建立统计制度是对全体人员进行现代化管理和目标管理的教育，前提是加强统计工作，打好信息基础。企业应建立必要的统计工作规范，使统计工作制度化，规定统一的统计报表，提高原始记录的统计质量，保证统计的全面性、准确性、及时性，并加强标准化工作，可以通过量化基础工作，单独实施以KPI关键绩效为核心的目标管理体系。

3.用统一的能力模型框架

用统一的能力模型框架对每个岗位所需的共性能力（如沟通技巧、信息处理与分析能力等）及特性能力进行考核。此方法的缺点是设计比较复杂，操作成本相对较高；其优点是统一，能向管理层提供比较全面的参考，协助其在招聘及培训时寻找所需要的符合技能要求的人员。

4.相配套的激励体系

一个设计得再好的绩效管理体系，也需要配上相应的激励体系，以鼓励或惩罚销售人员。激励的手法，主要视企业的承受能力、行业特性与销售人员的取向而定。

关键点提示

利用目标管理法进行绩效考核需要注意以下四点：

1.直接的沟通；2.建立统计制度；3.用统一的能力模型框架；4.相配套的激励体系。

7.6 如何利用多项目考核法进行绩效考核

工作场景描述

当想利用多项目考核法进行绩效考核时，可查看。

解读与分析

今天的管理者有时必须像个杂技演员，既能同时使多个小球停留在空中，又能接住从不同方向随意抛来的新球，这便是多项目管理。与此相对应，在考核中也有多项目考核法，就是销售经理同时对销售人员的销售活动进行综合考核测评方法。多项目考核法既是一种考核方法，也是一种激励措施。这种管理方法还注重以人为本。选择多项目考核法进行绩效考核需要做到以下几点。

1.对项目有充分的了解和掌控

作为多个项目的经理，对每个项目的目标、范围、时间和资源都要有非常清晰的了解，每个项目的分解图要了然于胸。只有明确了目标和现状，销售经理才能清楚关键何在、风险何在。根据“二八定律”，销售经理必须在20%的大客户上投入80%的资源，这样才能驾驭好这个项目。

2.降低工作时间的限制

中国人历来强调纪律、强调集体，所以中国大部分企业都有很严格的作息制度。企业是严格执行这种制度，还是在某些情况下降低对工作时间的限制，要看面对的人群、工作的性质再做取舍。很多大型企业一直实行弹性工作制，尊重每个销售人员的个性。大多数销售团队都是按业务结果来进行薪酬设计的，所以时间上也没必要强求死板的“朝九晚五”，销售经理在绩效考核中也应该对工作时间降低要求。

3.善待加班

对于一个销售团队而言，不加班简直就是天方夜谭。但人的精力是有限的，一个人的加班时间是有限的，这好比打仗时的预备队，任何一个成功的将领决不会在战役之初就出尽手中所有的牌，将精锐部队和预备队统统派上战场。战事瞬息万变，如果一开始就暴露全部兵力，必然陷己于被动。团队成员的加班时间就是你的预备队，不要一开始就要求他们天天加班，项目初期常有个混沌期，一开始就加班，以为催得紧项目就能顺利完成，其结果往往事与愿违。销售经理要合理地分配加班时间，将好钢用在刀刃上，最大限度地利用加班，并且要从绩效测评和薪酬中体现出加班与不加班的区别。

4.了解和关心每一个团队成员

这种关心不是表面工作，不是说两句冠冕堂皇的官话，而是将关心落到实处。销售经理要了解每个成员的长处和不足，安排工作时尽量发挥他的长处。要与成员多交流，一旦有人攻克了一个钉子客户，取得了大的进展，一定要在绩效测评中给予奖励。

5.管理者勇于承担责任

项目中总会遇到这样那样的问题，甚至最终项目会失败。失败不可怕，就怕不敢正视失败。面对问题，销售经理要敢于“一肩挑”，推卸责任就等于把自己推到了项目组的对立面。

6.管理者敢于承担压力

这里的压力主要是指来自上级和客户的压力。高层领导总是希望能够用最少的资源、最短的时间和最好的质量来完成项目，所以会不断施加压力，客户也希望能用最少的钱来购买更多更好的产品。作为销售经理，必须要顶得住这种压力，不能把这种压力转移给团队成员。

7.体现为恩威并重的绩效评测

管理要讲艺术。每个人的需求都不一样，而且同个人在不同的时期也会有不同的需求。在一个项目组内有的人工作积极，而有些可能很懒散，得过且过。对工作态度不积极的成员，销售经理要分析原因并采取相应措施，进行监督和控制，必要时候可以采取一定的惩罚手段。

关键点提示

利用多项目考核法进行绩效考核要做到以下七点：

1.对项目有充分的了解和掌控；2.降低工作时间的限制；3.善待加班；4.了解和关心每一个组成员；5.管理者勇于承担责任；6.管理者敢于承担压力；7.体现为恩威并重的绩效评测。

7.7 如何提高考核的公平性

工作场景描述

当想要提高考核的公平性时，可查看。

解读与分析

考核作业关系着员工的奖金、晋升、调薪，不允许有任何错误或偏颇。销售经理需要一套更公平的运作机制，适时给高阶主管与人事部门主管提供完整的考核信息。提高团队考核的公平性，销售经理可以从以下方面着手。

1.考核作业不应当因为标准不一而有所偏颇

销售经理在评估考核分数时，往往因个人的评判标准不一，造成某些员工的分数偏高，而某些员工的分数偏低的情况，此时考核的公平性就受到了质疑。销售经理应有统一的评判标准。

2.业绩是考核的重要依据

有些销售人员一到企业下班时间，人就跑得没影了，一分钟都不会多待；而很多销售人员上班的时候忙于手头的工作，下班后用自己的时间进行学习和讨论。销售人员都关注自己的业绩，都想在考核中取得好的结果，所以，唯业绩论的考核方式在一定程度上是比较公平的。

3.让考核制度尽可能简单、直接、好用

考核要尽量与团队成员的工作习惯和娱乐习惯相结合，如果考核太复杂，会让销售人员觉得要花很多的时间，结果就是大家根本不会关注考核中的诸多内容，也就容易出现不公平的现象。因此，销售经理设计的考核内容一定要简单、直接好用，最直接的就是，让人几分钟就能记得住，这样所有的人就都能了解考核的原则，有利于体现考核的监督作用。

考核是销售团队管理者重要的工作内容之一。相对公平的考核是团队引以为豪的内容，是团队文化建设的一部分。销售经理拥有丰富且公允的考核信息，才能进行公平的考核，使员工心服口服，进而更加努力地为企业效力。若销售经理想描绘一个企业完美的未来，公正廉明的考核机制是绝对不可少的。

关键点提示

提高考核的公平性要做到以下三点：

1.考核作业常因标准不一而有所偏颇；2.业绩是考核的重要依据；3.让考核制度尽可能简单、直接、好用。

7.8　如何制订销售团队的绩效计划

工作场景描述

当需要制订销售团队的绩效计划时，可查看。

解读与分析

制订绩效计划的目的在于使绩效评估从一开始就选准方向，使每一个团队成员都明确他们的任务与完成标准。建议根据以下步骤制订绩效计划。

1.制订团队年度计划

制订未来12个月的目标，并且设定优先顺序。销售经理想办法确定哪些项目最重要，团队的时间和资源应当重点投在哪些项目上，尽量将优先的事项在计划时限内完成，以降低风险。

2.制订团队短期目标

销售经理订立了年度计划之后将其分解为具体的和可行的步骤，以作为每个成员的短期工作计划，并确定每项短期计划的完成时间。

3.建立一份全面而详细的工作记录

在工作记录中明确销售经理要求的工作结果，避免冗长的表格，设法筛选出必要的事项，确定每个人都有份绩效计划和进度时间表。

4.记录绩效计划

在销售团队中，每个人的目标都必须写在绩效计划书中，用来叙述每个人的任务和需要达到的标准。绩效计划是叙述工作是否成功的标准，可能会与职务说明书有所不同，后者是对现行职务较为抽象的描述。绩效计划应将目标以浅显的文字记录下来，销售经理与团队成员必须各留一个副本以供随时参考。

5.修正绩效计划

绩效计划是机动的，可以视情况随时检查和修正。任务的达成日期与标准一旦被证实为不可行或太容易，就必须加以修正，同时，一旦目标完成，销售经理应该立即加派新的任务。

绩效管理始于绩效计划，因此，销售经理必须掌握绩效计划，并使每一位团队成员都非常清楚自己的优先事项与目标。

关键点提示

制订绩效计划有以下三个步骤：

1.制订长远和短期的计划；2.记录绩效计划；3.及时修正绩效计划。

7.9　如何保证销售团队绩效评估的客观性

工作场景描述

当需要通过各个方面的途径来保证团队绩效评估的客观性时，可查看。

解读与分析

领导者不应当凭感觉、直觉或传言来评判团队成员的业绩。通常可以通过下面几种方法来确保评估的客观性。

1.听取各方面报告

企业其他部门的书面报告、所参加的培训班的报告、专门讲述团队如何处理项目及成果的报告等，所有这些报告都有助于评估业绩。其中培训班的报告具有更大的意义，培训课程可以明确什么是业绩的进步。如果培训课程能加强销售人员对技能含义的理解，那么课程的训练就开始了业绩的改善过程。

2.顾客调查

顾客调查对企业是非常有益的。顾客直接接受销售人员的服务，所以向顾客调查销售人员提供服务的情况是一种合理的业绩评估方法。许多服务行业都开展了顾客调查，听取顾客意见。

3.征求成员的意见

如果征求成员的反馈意见是公开的，并且能够确保所有人的参与，那么这种方式是非常有价值的，也是业绩评估的一个有效办法。

4.改善办公环境

团队业绩常与工作环境密切相关。如果让某一个人置身于不利提高业绩的办公环境，那么不仅不能提高业绩，而且会促使成员感到沮丧，使其士气低落，最终将导致更差的业绩。

团队的绩效评估应该尽可能通过多种途径来进行，从而保证业绩评价的真实性和客观性。

关键点提示

可通过以下四种方法来确保评估的客观性：

1.听取各方面的报告；2.对顾客进行调查；3.征求成员的意见；4.改善办公环境。

7.10 如何进行销售团队内部的工作评估

工作场景描述

当想进行销售团队内部的工作评估时，可查看。

解读与分析

内部评估能够体现一个团队的运作情况。销售经理应当在团队内建立合适的评估方法并付诸实施。

1.时常观察团队成员如何安排他们的工作时间

从团队成员安排工作时间的方式可以看出，团队运作是否良好以及人员安排是否恰当。

2.追踪团队内成员缺勤率和流动率

如果缺勤率或流动率比较高或者正在提高当中，销售经理应当立即追查原因，防止事态继续恶化。

3.了解团队士气和发挥水准

销售经理需要了解如成员对工作投入的态度，他们的抱怨内容，以及是否能够发挥出自身本来的水准，等等。

关键点提示

销售经理进行团队内部工作评估的措施有以下三种：

1.观察成员的时间安排情况；2.追踪成员缺勤率和流动率；3.了解团队士气和发挥水准。

7.11　如何与销售团队成员进行业绩评价面谈

工作场景描述

当需要与销售团队成员就业绩评价进行面谈时，可查看。

解读与分析

业绩评价面谈是成员表达他们对工作的态度的最佳正式机会，同时也是销售经理向成员表明对他的工作绩效有何看法的最好机会。以下是关于团队业绩评价面谈的一些建议。

（1）营造一个非正式的和没有压力的氛围。如果在销售经理的办公室不合适，就要为面谈另外找一个地方，以营造一种轻松的环境。销售经理对成员进行业绩评价是每一个成员最关心的话题，是让他们感到销售经理是一个英明领导者的最重要的途径。

（2）面谈开始时，销售经理可以花一两分钟时间闲聊，不一定非得直接进入主题。不妨问对方最近的项目进展得如何，或者上周末过得怎样。这可以使他放松，并且让他相信面谈不是为了批评人。如果双方都有幽默感，可以表现出来，并在面谈过程中一直保持下去。

（3）让当事人知道在面谈过程中将会讨论什么问题。业绩评价面谈不是用来讨论一些意料之外的事情，如果某人的行为或表现达不到标准需要马上解决，那么销售经理就决不能等到下次业绩评价时才提到这件事情，即使他的下一次业绩评价正巧在下一周。

（4）当成员告诉销售经理他的担心和希望时，销售经理不能仅仅以礼貌的微笑和机械的肢体语言来回应。对团队成员向销售经理提出的抱怨或者忧虑，销售经理都要认真对待，并力求找到为个人解决问题的方法。

（5）在业绩评价面谈中，销售经理应该把一部分时间专门用于讨论团队工作中的问题：他是否适应团队？是否认为团队是高效的？团队将如何进行改进?希望团队以何种方式给予他更多的支持?

业绩评价面谈不仅仅是对工作表现的考查，也是激发成员进取心和工作热情的最佳时机。

关键点提示

销售经理与成员进行业绩评价面谈的建议如下：

1.安排适合的面谈环境；2.与成员进行双向交流；3.认真对待成员提出的问题，并讨论团队工作中的问题。

7.12 如何解决销售团队成员的不良绩效

工作场景描述

当需要解决销售团队成员的不良绩效时，可查看。

解读与分析

销售经理解决团队成员的不良绩效是急不得的，需要一步一步来。

1.尽早处理不良绩效

不要因为处理不良绩效过程太麻烦，或者希望它能自行改善，而容忍糟糕的绩效。销售经理对不良绩效放任的时间越长，情况就会越糟糕，同时也有可能殃及团队工作的其他环节，使销售经理的信誉大打折扣。

2.调整自己的情绪

不必对成员的不良绩效有太大的反应，等一切明了之后再行动也不迟。销售经理一旦对成员有了某些成见，便等于放弃了改善绩效的机会。

3.仔细分析不良绩效，并进行记录

销售经理应设法找出团队成员不良绩效的主要原因(可能不止一项)。针对缺乏工作能力或专业知识，抑或主动性不够的成员，相应的处理方式可能会截然不同。同时，销售经理也应当检讨自己是不是造成不良表现的原因：如赋予的任务不具备挑战性，或没有为成员提供发展机会等。

4.开诚布公地与成员进行交流

针对相关疑虑，销售经理要与成员面对面地沟通，并设法以解决问题的方式来协助其改善。关键是通过沟通找出原因，提供咨询，以及对如何改善不良绩效达成共识。

5.落实工作改进计划

销售经理针对绩效需要改善的部分订立可行的标准，并建立行动计划来协助团队成员完成。同时，订出期限来追踪其进展。

6.一旦绩效得到改善要积极鼓励

改善不良绩效并非难事，最有效的方法就是奖励正在努力改善的人。尽管改变可能不是很大，但销售经理还是要找机会向团队成员表示肯定并加以奖赏。

7.分析产生不良绩效的原因

当产生不良绩效的主要原因是能力不够时，销售经理可以考虑改变工作内容或者变动职务以改善不良绩效。然而应当避免只是为了将难题交给别人而这样做。

有时候，销售经理可能必须面对一个没有能力或者没有意愿做出良好表现的成员。与其惩戒，不如采取更加积极主动的方式加以解决。

关键点提示

解决团队成员的不良绩效有以下三个步骤：

1.调整自己的情绪；2.仔细分析不良绩效；3.落实明确的改进计划。

7.13 如何改善销售团队的绩效

工作场景描述

当想改善销售团队的绩效时，可查看。

解读与分析

销售经理可以通过对团队进行改组的方式改善绩效，但是，销售经理要避免一产生怀疑就立即进行改组，也不要为了改组而改组。销售经理必须做到以下几点。

1.整合业务

通过整合相关业务或者合并类似职务，达到成员工作任务的合理化规模。专业化可以提高团队的生产力，但是要注意，销售经理不要把工作改变到令人无法接受的地步。经过这些合理化的过程，销售经理或许能够缩减管理层规模，从而改善沟通的效率，并增加团队的骨干力量。

2.设计职务内容

在整合业务与职务的过程中，销售经理要尽可能在生产力、成本效率和成员成就感之间取得平衡，在允许范围内尽可能加强团队成员工作的自主性，对于工作该如何完成给予最大的自由空间，并对其绩效及工作质量提供意见。销售经理这样做，会让工作本身变得更加有意义，且责任归属明确。同时，通过这种职务设计，销售经理也增加了团队中的个人发展机会。

3.提升职务

满足成员在个人事业成长发展中的要求，往往就代表着生产力和效率的提升。销售经理可以通过加入其他工作项目来扩大某些职务的内容，以及增加职务本身的多样性。对有能力的人，销售经理也可以通过赋予其更重大的责任及工作自主性来丰富其职务内容，有时甚至可以为某些人量身定做特定的职务。当然，前提是这样做可以同时符合业务发展和成员的个人成长要求。

除非销售经理能够确定改进之后的团队会表现得更好，否则最好还是保持团队原来的结构。当然，在这个过程中需要销售经理有不断探索的勇气和承受失败的能力。

关键点提示

改善团队绩效的方法有以下三种：

1.整合业务；2.设计职务内容；3.提升职务。

7.14　如何进行销售团队的绩效追踪

工作场景描述

当销售经理需要通过绩效追踪督促成员完成任务时，可查看。

解读与分析

要确保团队完成任务，追踪绩效是不可或缺的，销售经理必须根据该计划，随时监督与检查绩效，以确保每个成员都按部就班地运作。

1.建立一套有效的信息系统

有效的信息系统，能够使销售经理对进度能够一目了然。销售经理要向团队定期索取衡量绩效的报表，使自己了解每一件事情的进展，同时，要让团队成员知道销售经理希望随时掌握各种情况，而且在事情进展顺利或他们需要指导时，销售经理可以随时提供支援。

2.制定讨论进度会议的时间表

讨论进度会议的次数完全取决于当时的工作状况。销售经理应该为会议召开制订计划，为定期召开的一系列进度会议确定开会时间。要严格遵守这个时间，并视需要增开临时会议来补充。

3.准备进度会议

销售经理要建立一个进度档案，并随时收集资料为下次会议做准备。当销售经理有任何想法时，马上记下来，并将销售经理想在会议中讨论的问题列出来，同时鼓励其他成员也用同样的方式为进度会议做准备。

4.召开进度会议

销售经理要把某些进度会议当作考核的好机会，应针对成员以及团队的工作绩效，表达对某些特定议题的看法。这样一来，正式的绩效考核就不会有太出人意料的结果。销售经理应鼓励与会者发表意见，以确保顺利沟通。

5.提出绩效意见

确定与会者都已清楚了解各行动要点。进度会议的记录或主要行动纲领的记录记载着销售经理对绩效表现的所有意见。销售经理要将相关记录分送给与会者。如此一来，将来销售经理要做正式的绩效考核时，可节省许多准备时间。

认为设立目标后就能坐享其成，轻松提高绩效的说法是错误的。销售经理应当按照上述步骤建立行之有效的绩效追踪体系，以提高绩效。

关键点提示

销售经理进行团队绩效追踪有以下三个步骤：

1.建立有效的信息系统；2.召开进度会议；3.提出绩效改进意见。

第8章

销售团队日常事务常见问题

在工作中，同事之间、上下级之间或者员工与客户之间难免发生一些不愉快的事情，产生一些摩擦和碰撞，引起矛盾冲突。这时候，如果处置不当，就会加深鸿沟，陷入困境，甚至导致双方的关系彻底破裂，影响销售活动的正常开展。那么，销售经理如何处理好销售团队的日常事务？培育团队精神、积极面谈、缓和气氛、疏通关卡、规避销售团队管理中的常见误区，并且积极寻求化解冲突，才是销售经理正确的领导思路。

8.1　如何树立销售团队的信心

工作场景描述

当想树立销售团队的信心时，可查看。

解读与分析

团队在工作中往往会遇见各种各样的困难与阻碍，难免会令成员丧失斗志和勇气。此时，销售经理最大的职责就是为团队再次建立必胜的信心。

1.展示自己目标的信心

销售经理与成员分享成功的愿景，对既定目标展示信心。要让团队成员清楚地知道销售经理支持团队的决策程序和一致决议，并让团队相信一定会实现自己的目标。最关键的任务是与团队分享信心，传达众志成城的信念。

2.为失败做好准备

销售经理要考虑可能的障碍和失败，制订一个应付突发事件的计划。训练团队成员分析潜在的问题，指出确实存在一种科学的方法能解决预期的困难。避免团队因为偶尔失利而沮丧，要让团队成员在失利后采取其他预备途径继续前进。

3.正确对待失败

当出现失败时，销售经理与其追究责任，不如检讨工作方法，寻求成功之道。避免让成员认为失败完全是他们的错误导致的，或者认为是不可抗拒的压力阻碍了他们，从而放弃进一步努力的机会。要让成员明确一点：机会是需要通过努力才能获得的。

4.工作循序渐进、先易后难

开始时销售经理应避免太大规模的项目，这样如果失败，后果将非常严重，甚至团队士气将一蹶不振。建议销售经理同时进行几个相对小一些项目，其中一些一定会成功，而另一些可能会遭遇阻碍，那就把阻碍当作增加经验的机会吧。

5.聚焦团队的成功

总有人愿意提醒别人他们曾失败过。销售经理应该不断提醒团队成员看到已经获得的成就。要记住这些口号："失败乃成功之母""要耐心，最后的胜利属于我们"。这样的口号对个人和团队都适用。

关键点提示

树立销售团队信心的方法有以下三种：

1.展现对愿景目标的信心；2.为失败做好准备；3.强调团队已经取得的成功。

8.2 如何增强销售团队成员对领导者的信任

工作场景描述

当需要增强销售团队成员对领导者的信任时，可查看。

解读与分析

信任是在很长时间内一次又一次的合作交往中形成的。因此，销售经理要建立和保持团队成员之间的信任，需要通过以下方面的努力。

1.通过个人影响建立信任感

销售经理的处事风格往往起着很重要的作用。要避免成为一个颐指气使、凡事一手抓的领导；不要对任何事情频下定论，那样通常无法获得团队的信任；不要不懂装懂。另外，销售经理还要言行一致，如果做出承诺，就一定要及时做到。

2.与成员分享感受

销售经理应寻找机会多和团队在一起，如有可能，尽量参加所有团队会议，进行友好亲密的交流，了解并肯定他人的工作能力和成绩是建立信任的良好途径。

3.让成员知情

在实行原秩序的团队中，保密是一种原则，然而许多现代管理者都意识到保密往往助长怀疑，损害团队的信任感，还会破坏团队在相互配合基础上建立起来的合作默契。销售经理要尽量让成员了解能够影响团队行为的所有信息、发生的变化以及经营环境的改变。对任何团队中事情，如果成员能够出一分力量，就让团队成员都参与其中。

4.最先让成员了解信息

不论怎样，承受一些坏消息并不是件容易的事情，但是有时候告诉成员他们不想听到的消息的任务却会落在销售经理身上。宁可让团队成员从销售经理处了解信息，也不要让他们去听信流言蜚语。让团队成员知道事情的真相比隐瞒坏消息更有益处。

5.适当授权

对于一些只影响团队的决策，要完全授权给团队来做。过度的控制与监督不易培养信任感，如果成员有能力，就让他们自己去做并给其发挥的空间。尽可能给予团队最大的信任和最少的约束，如果你很器重他们，他们通常也会有不俗的表现。在工作中，团队成员要信任他人，除非有充分的不信任的理由。

团队成员所获得的信任度不仅取决于销售经理的想法，还取决于团队成员的行动。记住这句老话："事实胜于雄辩"，付出的努力能让销售经理取得最大的信任。

关键点提示

增强团队成员对领导者信任的方法有以下三种：

1.树立良好的个人作风；2.让成员了解团队工作状况；3.通过授权建立信任。

8.3 如何提升销售团队的凝聚力

工作场景描述

当想提升销售团队的凝聚力时，可查看。

解读与分析

就如今的工作团队而言，因个人差异导致隔阂或无意间产生矛盾的情况相当普遍。为了让所有成员都感觉到团队的凝聚力，有必要采取以下措施。

1.强调团队而非个人努力

在组建团队时，销售经理必须明确表明，每一个人都是团队不可分割的一部分。尤其是当团队遭遇外部威胁时，销售经理应当鼓励成员暂时搁置前嫌，一致应对。通常外力越大，团队所表现出来的凝聚力就越强。

2.增强领导效能

领导是团队行为的一种导向与核心，销售经理采取的领导方式直接影响着凝聚力的高低。销售经理应当采取积极民主的领导方式，让团队成员愿意表达自己的意见和参与决策，这样会促进团队的积极性，提升凝聚力。

3.统一团队目标

销售经理应当将团队目标与成员个人利益联系起来，这样团队成员就愿意合作完成任务，凝聚力也会增强。反过来，如果个人目标和团队目标没有关联，合作就会减少，感情会趋于冷淡，凝聚力也会降低。

4.强调集体奖励

集体奖励会增强团队的凝聚力，会使成员意识到个人的利益和荣誉与所在团队密不可分。个人奖励可能会加剧团队成员间的竞争，从而在团队内部形成一种压力，凝聚力可能会弱化。建议销售经理两者都要考虑，承认团队的贡献也要承认个人的贡献。

5.培养集体荣誉感

如果团队一贯有好的表现，一直能按照团队目标很好地运行，这时团队成员就会觉得这是一个英雄的团队。在这样的团队中工作，团队成员会有荣誉感，会激励团队成员做得更好。

6.控制团队规模

团队的规模越大，越容易造成沟通受阻，意见分歧的可能性也会越大，并且容易出现派别之争。通常团队的人数应该控制在10~15人之间。

凝聚力较高的团队，其成员对工作的责任感也较强，团队成员之间较容易接纳彼此，成员之间的友谊和团队吸引力都处于较高水平。

关键点提示

提升团队凝聚力的措施有以下三种：

1.强调团队观念；2.增强领导效能；3.控制团队规模。

8.4　如何培养销售团队互相帮助的协同精神

工作场景描述

当想培养销售团队成员互相帮助的协同精神时，可查看。

解读与分析

团队合力的形成取决于目标的实现以及团队的产出是否能大于团队成员个人产出的简单组合。以下是关于培养团队协同精神的几点建议。

1.鼓励成员相互支持

工作中，某位团队成员需要建议或指导原则，可能另一个团队成员恰好能够提供这些建议或原则。这时，团队成员要尽力消除不必要的工作界限，为工作伙伴提供帮助。

而不是坐等销售经理亲自提供帮助。

2.倡导团队合作

避免销售人员热衷竞争而嫉妒其他成员的业绩和才能。事实上，没有一个销售经理会因为自己的下属做得好而吃尽苦头。成功的销售经理总是力求消除分歧，达成共识，建立一种互信互助的工作模式。

3.制定合作规范

销售经理要确保团队分工明确与均衡。一个团队中如果付出与获得不公平就没有可能合作。要想有效地推动合作，销售经理必须订立一个团队成员普遍认同的合作规范，采取公正的原则管理团队。

4.建立长久的互动关系

销售经理要创造一些持续的机会让团队融为一体，比方说一起培训、一起搞竞赛、举行团队会议、举行具有激励性质的活动等。

5.强调长远的利益

销售经理要使团队成员拥有共同的未来前景，让大家相信团队可以走到这一步，这使人们不计较眼前的一些得失，主动合作达成愿景。

6.一起培训团队

集体培训可以培养团队的协作精神。任何形式的、对整个组织中的角色所进行的培训，都特别有用，并且都应当作为整体来进行。

有些成员拖整个队伍的后腿，不好好努力；而有些成员拼命工作，帮别人做事，直面困难，寻求进步。对比没有协同精神的团队，销售经理就会很清楚协同性对提高团队效率的重要性。

关键点提示

培养团队互相帮助的协同精神的三点建议：

1.倡导团队协作；2.建立长久的互动关系；3.制订合作规范。

8.5　如何培养销售团队的创造力

工作场景描述

当想培养销售团队的创造力时，可查看。

解读与分析

创造力的发挥可以使团队充满活力，提高工作效率，而团队环境是创造力能否得以发挥的关键因素。因此，销售经理有责任培育一个能让创造力得以发挥的良好条件。

1.鼓励团队学习

销售经理要为团队提供更多的实践机会以及相关的经验指导，不断完善团队的学习方法，培养轻松高效的学习气氛。学习可以使人增长创新所需要的知识和经验。

2.促进内部竞争

内部竞争虽然有不少弊端，例如产生冲突、浪费资源等，但其好处也是十分明显的，尤其是在增强人们的责任感和首创精神方面。因此，充满刺激的工作过程往往能带动团队高昂的兴致，而这种兴奋之情又能激发更多的创意与活力。不过也要注意：压力虽然能激发团队成员超水平发挥，但如果让人感觉压力过大恐怕也会适得其反。

3.分享团队信息

销售经理要鼓励团队成员开诚布公，说出内心感觉。团队成员应当坦然面对彼此，不要无故隐瞒工作资讯。成员间毫不忌讳地说出心里话，而且一切工作行动都是公开和善意的，这种气氛非常重要。

4.采取鼓励态度

当有人提出很好的新构想、建议或计划时，销售经理需要秉持一种“是的”文化精神，以正面开放的心胸包容接纳，而不是用“可以，但是考虑到……”这种前后矛盾的语句加以驳斥。并且，销售经理还应当帮助团队成员以更为开放的态度找出落实计划的方法。

5.允许创新失败

销售经理要想激发团队创造性，就应该允许团队失败。这并不等于团队可以就此不求上进，而是要求团队在经历失败的打击后吸取教训，进而成长。销售经理不要轻易惩罚团队成员的错误，而是应当以探询、开导的方式问相关成员“从失败中学到了什么？”或“如何避免下次错误的发生？”。

6.确保人尽其才

具有高度创意的团队懂得如何人尽其才，这一点的重要性无论如何强调都不会过分。销售经理应当允许有才华的成员在他们认为能最大限度发挥能力的环境里工作，并为其提供便利。

7.让团队充满快乐

事实上，心情愉快的团队成员往往有更好的表现。同样，在充满创造性活力的团队中，团队成员通常具有幽默感，懂得从其他角度看待生活。

关键点提示

培养销售团队创造力的方法主要有以下七种：

1.鼓励团队学习；2.促进内部竞争；3.分享团队信息；4.采取鼓励态度；5.允许创新失败；6.确保人尽其才；7.让团队充满快乐。

8.6 如何提升销售团队的士气

工作场景描述

当想提升销售团队的士气时，可查看。

解读与分析

拿破仑曾说过，一支军队的实力，四分之三是由士气因素决定的。在现代团队管理中，为团队目标而奋斗的精神状态对团队的业绩非常重要。以下是关于提升团队士气的几点建议。

1.保持积极心态

在培养团队士气时，销售经理的表现非常关键。销售经理必须使自己具有高昂的士气和高度的主动性，尽可能地积极向上。即使事情进行得不太顺利，销售经理也不要对下属隐瞒，但也不要传播悲观的气氛或显得意志消沉。

2.做一个优秀的领导者

优秀的领导者进入团队，是团队士气高昂的一个重要原因。领导者作风民主，广开言路，乐于接纳意见，办事公道，遇事与大家商量，善于关怀下属，成员的士气就会非常高昂；而独断专行、压制成员想法和意见的领导会降低成员的士气。

3.进行良好的信息沟通

领导者和成员、成员和成员之间的沟通如果受阻，就会引起团队成员的不满。

4.确保利益均分

每个人做事都和利益有关，只有在公平、合理、同工同酬、论功行赏的情形下，人们的积极性才会得到提升，士气才会高昂。

5.确保对目标的一致认同

如果团队成员赞同和拥护团队目标，他们就会觉得自己的要求和愿望在目标中有所体现，士气就会高涨。

6.确保人际关系的和谐

团队内人际关系和谐，互相赞许、认同、信任、体谅、通力合作，团队的士气就会高涨。

团队精神的重要方面就是团队的士气。如果团队成员对自己的工作引以为荣，而且很满足，团队就会士气高昂，并且拥有很强的向心力。

关键点提示

提升团队士气的六点建议：

1.保持积极心态；2.做一个优秀的领导者；3.进行良好的信息沟通；4.确保利益均分；5.确保对目标的一致认同；6.确保人际关系的和谐。

8.7 如何培养销售团队精神

工作场景描述

当要培养销售团队精神时，可查看。

解读与分析

许多销售团队不惜花重金请专家或专门的机构为自己量身打造适合自己的团队精神表述，以为有了一大本包装精美、辞藻华丽的团队文化精神手册以后，销售团队便完成了团队精神的建设。其实不然，销售团队精神的建设需要结合以下两大基本措施。

1.整合性措施

整合性措施是指团队的现状、团队的运行方向、企业的运行方向这三个层次之间必须匹配一致，运作也要同步。团队精神的策划或者设计，首先是对团队现有文化精神的提炼和总结，然后结合团队的未来发展战略，融合未来的价值导向。值得注意的是，不考虑团队现实，不结合团队实际的设计是无法真正表达团队文化精神的。

2.以人为本的建设原则

强调团队精神建设的各个环节都要注重人的心理契合性。对内部员工来说，团队精神的建设是招人的全局观、留人的艺术观、开发的慧眼观三者并举。这一点，可以细分为三个方面。

（1）团队价值取向，主要是指团队内部的价值观、经营宗旨、团队精神和方针政策等，是团队的“心智模式”，是团队思维和行为的出发点。

（2）团队战略规划，是指团队的产业定位和生涯规划，为团队指定了发展方向和行为步骤。

（3）团队文化传统，团队文化传统中的“文”在一定程度上可以表示为团队的条文、条例、原则、制度、经营方式、经营思路等硬性管理内容，而其中的“化”可以表示融化、融入、接受、合作、默契、认可等软性管理内容。团队文化的塑造过程就是团队拿着团队的“文”，与社会、自身、员工进行沟通交流，被“化解”和认可的过程。

除了上述两大原则，销售团队培养团队精神还要注意结合团队的销售特色、团队特色、团队成员特色。有时候，团队的领导特色、团队的传统行为模式都会影响团队精神的培养和建设。

关键点提示

培养销售团队的团队精神有以下两大原则：

1.整合性原则；2.以人为本的团队建设原则。

8.8　如何防范销售团队内部诚信危机

工作场景描述

当想防范销售团队内部出现诚信危机时，可查看。

解读与分析

高绩效销售团队的一个特点是团队成员之间高度信任。也就是说，团队成员彼此相信各自的人品正直、个性特点、工作能力。但信任是脆弱的，它需要很长时间才能建立起来，也很容易被破坏，要维持种信任关系就需要销售经理处处留意。

就团队成员之间的信任关系而言，正直程度和能力水平是判断一个人是否值得依赖的两个关键特征。当然，销售经理可以采用以下措施使团队成员更大程度地忠实可靠。

1.人员使用上的回避制度

销售经理规定各级人员在吸纳和提拔员工时，回避自己的亲属、同学，使销售组织内部结构简单化，有利于建立公正、透明的办公环境。值得注意的是，不要因为回避制度而对有才能的人员避而不用，灵活把握制度的实施是销售经理必备的能力。

2.换岗流动制度

对不同层面的销售和管理人员实现任期制，任期届满换岗流动，可以有效防止相关人员为追求短期目标而损害企业的长期利益，防止产生裙带关系和“内部人控制”现象。更为重要的是，企业可以充分发挥人才资源中的“判断力资源”优势，通过不同的思维角度和工作作风激发市场活力。通俗地说，每一块市场都可以在换岗流动中得到新的检验，以发现市场空间。

3.制度性对话

制度性对话要解决的不是日常的工作交流问题，而是要求企业在个人的纠偏和系统的完善方面有所作为。销售经理与他的团队成员运用企业提供的统一工具，进行周期性的严肃的“一对一”交流，并由此确立下一个阶段的目标，确立双方的责任和义务，是将文化建设和业务实践联系起来的最为有效的途径。

4.培养信任感

让成员知道团队信任他，很有利于提升他们对团队的忠诚度。要做到这一点，销售经理可以参考以下建议。

（1）表明成员既是在为自己的利益而工作，也是为别人的利益而工作。

（2）成为团队的一员，用言语和行动来支持团队的工作。

（3）公平并开诚布公。

（4）说出销售经理的感觉，表明指导员工进行决策的基本价值观是一致的。

（5）表现出销售经理的才能，让团队成员很自豪地为团队效力。

此外，与销售人员保持良好的私人感情，可以极大地方便销售经理开展工作。要防止团队成员出卖商业机密或脚踩两只船的情况，对于某个成员的恶意行为，销售经理可以借助法律手段解决。

关键点提示

防范诚信危机的方法主要有以下四种：

1.人员使用上的回避制度；2.换岗流动制度；3.制度性对话；4.培养信任感。

8.9　如何与绩优的销售团队成员面谈

工作场景描述

当想与绩优的销售团队成员面谈时，可查看。

解读与分析

销售经理在成员表现优秀的时候当面给予及时的表扬和鼓励，可以扩大其正面行为所带来的积极影响，强调对成员的积极表现，给成员一个认可。除此之外，销售经理在面谈中要注意以下几点。

1.准备充分性

要基于谈话内容事先做好充分的准备。销售经理要考虑到成员可能提出的要求，比如加薪等，并设计出合理的解释方案。

2.事实客观性

谈业绩时要客观。销售经理要根据实际情况，避免由于光环效应、新近性、偏见等带来的人为误差，尤其不应对其他员工造成工作压力。

3.公平性

员工要知道不同业绩的结果是不同的，但销售经理对待所有员工都要确保公平，不应有扬此贬彼的谈话内容出现。

4.过程公开性

面谈沟通过程不要秘密进行，但也不要大肆宣扬。保持平稳的基调进行面谈是很重要的。

通过面谈沟通帮助下属进一步提高业绩应成为现代管理者的一种修养、一种职业道德，当然它更是一种责任。一个优秀的销售经理首先是一个负责任的人，负责任的销售经理会不断帮助员工提升业绩水平和工作能力。

关键点提示

与绩优的团队成员面谈时应注意的事项如下：

1.准备充分性；2.事实客观性；3.公平性；4.过程公开性。

8.10 如何与表现不佳的销售团队成员面谈

工作场景描述

当要与表现不佳的销售团队成员面谈时，可查看。

解读与分析

在团队成员表现不佳，没有完成工作的时候，销售经理应及时真诚地予以指出，提醒员工改正和调整。面谈中适当的批评有时候是必要的，但要批评得有技巧。不当的批评会使下属不服气，会让他们对销售经理产生怨恨心理。有时可能是非人力所能解决的问题，销售经理应该考虑如下几个方面的问题。

1.避免在第三者面前批评下属

就算下属犯了再大的错，销售经理也不要当众批评他，特别是不要当着其他下属的面批评。有别人在场，会增加下属的心理负担，让下属觉得很没面子，会影响下属接受批评的态度。销售经理若想批评下属，应该在与下属的单独交谈中进行。另外，批评下属时尽量不要伤害其自尊心。

2.了解业绩不佳的原因

在面谈之前，销售经理需要了解该成员业绩不佳的原因：是他个人有问题，还是其他同事没有配合或是别的原因。当对问题的实质有了一定的了解，销售经理的面谈内容就能让下属心服口服。

3.面谈中不要重复批评

销售经理不要经常把下属以前犯的错误重新提起。多重性批评会使下属不清楚事情的轻重缓急，以致无所适从，还会使下属对销售经理的批评感到厌烦。

4.面谈中不要过分批评

在面谈中，销售经理对业绩不佳者的错误要恰如其分地指出来，是什么就是什么，有多少就是多少，不能夸大其词，更不能全盘否定。

5.不要掺杂个人恩怨

与业绩不佳者面谈时，销售经理不要掺杂个人恩怨，不要以罚代管，不可激化矛盾，同时要尽量减少精神和物质方面的损失。

制度管理的观念是不希望有批评事件发生的。即使情况已经很糟糕了，销售经理在面谈中仍要克制，要依靠制度（包括薪资）的约束来达到提升业绩的目的。

关键点提示

当销售经理与表现不佳的团队成员面谈时应该掌握以下五个技巧：

1.避免在第三者面前批评下属；2.了解业绩不佳的原因；3.面谈中不要重复批评；4.面谈中不要过分批评；5.不要掺杂个人恩怨。

8.11 如何消除与销售团队成员间的沟通障碍

工作场景描述

当想消除与销售团队成员间的沟通障碍时，可查看。

解读与分析

对销售团队的成员而言，沟通障碍更多来自心理障碍。如何消除沟通障碍，销售经理可以参考以下几点。

1.让他们感到自己被尊重

在日常生活中，销售经理要注意给团队成员制造特定的沟通环境，使团队成员感觉受到尊重。为了取得更好的效果，在适当的时候，销售经理可以对团队成员的私人生活表示出兴趣，与他们一起谈论这方面的话题。

2.给他们安全感

如果团队成员相互缺乏责任心，销售经理就应承诺为他们负一定的责任。另外，团队成员的沟通障碍也使他们对安全有较强的需求，所以，销售经理要充分暗示团队成员之间是不存在威胁的，所有障碍都是因为他们对团队太投入了，销售经理已经了解到这一点了。

3.多表达诚意比运用沟通技巧更重要

销售经理分别找团队成员谈话，让他们知道多表达诚意比运用沟通技巧更重要，因为他们的角色特性，他们一般都能够立即体会到别人的诚意。

4.倾听完他的愿望

销售经理要尽量花费更多的时间与员工交流。销售经理应尽可能倾听员工的愿望，理解他人的感受和观点，使员工感到被理解，而销售经理一旦表现出理解，员工的不良情绪会很快平息。此时，他们也会因为销售经理关注他们之间的沟通障碍而不好意思起来，而这些障碍也会自然而然地消失。值得注意的是，倾听可以让对方缓解心情，减轻烦躁程度，这对取得有用信息很有帮助。

5.处理他们之间的问题

有些时候，团队成员之间可能因为业务竞争或提拔冲突而产生沟通障碍，这时候，销售经理要设法了解这些问题产生的原因，然后加以引导说服，可以给团队成员明确的划分业务范围，可以告诉他们提拔的考核条件，让他们公平竞争。这样一来，员工之间的沟通障碍也就自然消除了。

关键点提示

消除成员间的沟通障碍，销售经理要注意从以下五个方面着手：

1.让他们感到自己被尊重；2.给他们安全感；3.多表达诚意比运用沟通技巧更重要；4.倾听完他的愿望；5.处理他们之间的问题。

8.12　如何避免销售人员带走客户

工作场景描述

当想避免销售人员带走客户时，可查看。

解读与分析

要避免销售人员带走客户的现象，销售经理就必须与客户多进行接触，把握工作方案的进程，建立客户档案。“监控”客户的进程可以采用如下方法。

1.多点接触

接触一名关键的大客户，至少有三个方面要注意。对关键客户的管理，不能让一线销售人员大包大揽，销售经理也要在关键的时候介入；相关技术部门和相关支持部门要与关键客户进行接触；相关财务部门或者物流部门要与客户有一定的接触，这些部门与关键客户接触的目的是从客户的收款和物流方面进行监控。

另外，如果后期出现账款问题，财务部门可以积极地配合，甚至承担相应责任。销售人员和企业其他成员与关键客户多点进行接触，会使客户感到接触的是整家企业，而不是某个人。因为个人的接触很容易产生失误而对企业和客户造成损害。

2.把握进程

销售经理要想“绑住”大客户，就必须把握进程。例如，以效能为导向的销售模式，在初期接触这个阶段，项目可能比较多，如果实在很忙，销售经理可以先将其放到一边；到第二个阶段方案实施时，项目数量就应该减少，可能减少一半，甚至减得更多，在这个阶段，销售经理必须介入，不仅要了解这个客户的情况，还要充分关注销售货单；第三个阶段，是议价、招投标或出单运作阶段，销售经理更应该关注，至少应该从态势上表现出非常关注，这样会使销售人员感觉到客户已经浮出水面了。此时，如果销售人员离职，销售经理也能够很快把客户接过来，然后交给其他销售人员去做。

3.建立客户档案

无论企业大小，销售经理都可以运用一些基本的客户管理软件，例如CRM软件，输入客户的信息，对客户档案进行管理。管理客户档案可以很好地制约客户流失的现象。

4.合理的人员机制

在人员流动方面，销售团队不仅需要保持稳定的比例和适当的人员流动率，还应当保持对流动人员结构的合理控制。优秀的销售团队应当是人员流动率的执行者而不是接受者。在人员发展方面，销售团队必须完善各级主管的发展及淘汰机制，始终保持合理的变动比例。同时，还应建立各级主管的轮岗制度。

5.设立“督察”

为了不增加成本，也不加剧新老员工之间的矛盾，实现人员客户透明化，避免出现销售人员带走客户的现象，根据企业的具体情况，销售经理可以在企业内部设立“督察”。“督察”是组织指定的中立者，他们使用各种方案解决组织内出现的人员问题。而且，他们对企业元老与年轻业务骨干的态度比较公平，能够较为客观地处理两代人之间的矛盾。销售区域的适当调整和销售人员有计划地对调，有利于及时适应市场的变化，促进内部工作经验的交流，并有效避免带走客户现象的出现。但在调整过程中，要防止客户工作脱节。

关键点提示

保留客户可以采用以下五种方法：

1.多点接触；2.把握进程；3.建立客户档案；4.合理的人员机制；5.设立“督察”。

8.13　如何处理销售成员达不到预期的销售业绩的情况

工作场景描述

当想处理销售成员达不到预期的销售业绩的情况时，可查看。

解读与分析

销售靠业绩，销售靠产出，最终企业的销售与任务都会落到销售一线人员身上。也就是说，一线销售员承担着企业效益的全部压力，他们的压力可想而知。如果销售员达不到预期的销售业绩，销售经理可以参考下面的提示来客观处理。

1.要坚持实事求是

业绩的好坏，很多时候取决于当地销售员对市场的熟悉程度。销售经理要想快速提升业绩，可以用自己的热情去感染整个区域销售队伍，去点燃他们的工作激情，这才是最好的方式。

2.要告知利益关系

将个人销售奖金同整个团队的任务完成状况挂钩。当整个团队的任务完成率不高的时候，个人奖金也只能兑现一部分。关键的一点是让大家了解销售是整个团队的工作，必须每个人都努力才能将事情做好。只有当整个团队成为企业的主力，个人才能有更大的发展空间。

3.采用销售员组合

新销售员普遍缺乏销售经验，对业务也不熟悉，而老销售员的经验相对比较丰富。

为了让新销售员尽快熟悉业务，进一步提高销售员的整体素质，销售经理应对销售员进行合理的搭配，以形成一种较强的销售员队伍组合。企业可采用强弱结合或以老带新的组合方法，这样进行的组合，业绩增长较快。

4.合理分派销售员

应针对区域市场的不同特点，如大小、开发程度的难易、距离的远近等合理地分派销售员，例如啤酒企业一般都是按片区分派销售员，这样销售员较容易熟悉当地的市场环境，也可节省人员开支。

5.服从于短期目标和长期战略

短期目标和长期战略之间是互为因果的，销售团队需要为了长期利益而放弃一些眼前的东西。

6.销售指标需要适时调整

在一个变化的市场中，销售经理很难预见三个月以后的变化。虽然通常会制订年度的销售指标，但是纸上的数字并不见得是市场的“圣经”，销售指标随着时间而变动是必须的，因为市场销售本来就是由外及里的。

7.销售指标管理不应该仅仅局限于市场销售部门

销售指标的管理不是割裂的，它必须贯穿于企业供应链的全部。仅仅基于销售部门本身的指标往往是不科学的，也必将受到诸如生产、财务等部门的制约。销售指标的管理需要供应链的整体配合，但是，需要明确的是，所有部门都是为销售服务的，因为这是基于企业赢利的最终目的。

8.要做好协调工作

上海的某家药品销售企业，在某区的销售量一直居于第一位，占全上海销售量的一半以上，这当然与该区销售人员的个人客户公关能力有关，但更重要的是上海三甲医院主要集中在那个区。先天环境使这里的销售量一直最高。如果销售经理因此批评其他各区的销售人员不努力，就是不公平的。此时销售经理如何做好整个团队的协调工作就非常重要了，这就需要销售经理变个人英雄主义为团队英雄主义，做好协调工作。

市场一线销售员往往为了销售业绩“提心吊胆”，甚至出现心理障碍。他们整天为销售业绩而奔波，不少人会产生得过且过的思想，加之缺乏销售经理的引导，从而产生消极的工作态度，继而影响工作业绩。销售一线人员的压力与思想波动，能从一个侧面反映出企业的核心竞争力是强还是弱，所以做好协调工作非常关键。

关键点提示

销售成员达不到预期的销售业绩时，销售经理要考察以下八个方面：

1.要坚持实事求是；2.要告知利益关系；3.采用业务员组合；4.合理分派业务员；5.服从于短期目标和长期战略；6.销售指标需要适时调整；7.销售指标管理不应该仅仅局限于市场销售部门；8.要做好协调工作。

8.14　如何有效地提高销售团队观念

工作场景描述

当想有效地提高销售团队观念时，可查看。

解读与分析

当团队观念不够与时俱进时，整个团队的工作业绩就会下滑，直接影响着团队甚至企业的存亡。当然，导致团队观念落后的因素是复杂的，销售经理可以通过下面几点有效改进团队观念。

1.适当改变考核激励方式

销售经理可以把原来给个人的奖金分出一部分，合并在一起，到了年底再发给团队，由团队领导再细分给每个销售员。这个办法多数情况下都会有效，成功与否，关键在于销售经理要带头并且保持公正、公平。

2.强化团队管理

对单个销售人员，销售经理难以制订出有效管理和激励的具体措施时，一个比较好的办法就是不要强求细化对每个人的管理与激励，而是要化繁为简，加大集体考核与激励的力度，促使他们在团队内部进行自我平衡、自我管理与自我激励。

3.增加对销售人员的培训

销售经理应增加对销售人员的培训力度。通过培训，销售人员学习了新的业务知识和技能，获得了企业提供的增值性质服务，不仅增强了业务能力，更能感受到企业的温暖。企业适当的投入和关怀必使销售人员心存感激，自然会激发起其更好地为企业工作的热情，即使考核措施考核不到，销售人员也会想着自己尽心尽力了。

人都是有荣誉感和自尊心的，当把销售人员组合在一起成为一个团队时，采取一些独特的方法进行激励管理，团队当中的先进分子就会主动帮助其他人，而其他人也会迫于压力而努力奋斗，从而产生企业和销售经理意想不到的上进氛围，有利于改善团队气氛，激励士气，提升团队的总体工作业绩。

关键点提示

当团队观念落后时，销售经理可以采取以下三项措施：

1.适当改变考核激励方式；2.强化团队管理；3.增加对销售人员的培训。

8.15 如何让销售团队成员参与决策

工作场景描述

当想让销售团队成员参与决策时，可查看。

解读与分析

真正的团队会有一个共同的、明确的目标，通常是挑战性很大的目标，团队成员间会互相信赖、互相协作、相互鼓励，共享实现目标的过程与结果。因此，让团队成员参与决策很重要。如何让团队成员参与到决策中呢？可以参考以下几个方面。

1.强调以人为本，尊重个人意见

当一个人的工作与他的愿景融为一体时，他就会创造性地开展工作，表现出最强的积极性。销售团队成员参与决策是为了团队的愿景，大家都为这个愿景而奋斗。销售团队决策要尊重个人意见，让每个成员都参与进来，群策群力，团队的战略计划才能立于不败之地。

2.用系统思考观点研究问题、解决问题

“系统思考”是群智群策的基石。团队在培养成员的自我超越意识、改善成员的心智模式、建立共同愿景及搞好参与决策的时候，都要以“系统思考”的观点行事。

虽然参与决策着力于改善团队成员的心智模式及培养团体精神，但它的重点在管理团体。因为只有当“管理团体”搞好了，系统思考才会发挥巨大的作用。此时的销售团队必将是最有竞争力的销售团队。

群智群策的主要方法是“深度会谈”与“讨论”。在实际生活中，群智群策是可能的，因为周围的每个人对自己的思维都有不同程度的影响；群智群策又是必要的，因为通过群智群策可以得出远胜于个人思考的见解。

3.营造自主的生态环境

个性化和自由竞争是世界保持多样化、活力和创造力的源泉。在有着既定目标的销售组织中，良性的生态循环组织系统对激发销售人员参与决策的积极性尤为重要。这个自主的生态环境应该是充分民主而团结的，能够激发团队成员的才华，并且允许个性的适度张扬，让团队成员感受到实现自我价值的愉悦。在这其中，权利细分与跟踪管理的统一，充分授权与有效监控的统一以及各成员思维、性格、行为方式多样化与企业文化的统一，是形成企业健康生态环境的重要途径。

4.营造支持性的环境

当管理层营造了一种支持性的环境时，成员参与决策的情形就很有可能发生。营造这样一种环境，包括管理者倡导成员为集体考虑问题，留下足够多的时间供大家交流以及对成员取得成绩的能力表示有信心等。这些支持性的做法可使组织向团队合作迈出必要的一步，因为这些步骤促进了团队成员间更进一步的协调、信任和相容，所以管理者需要发展一种有利于创造这些条件的团队文化。

团队成员必须并肩作战才会有高效率，同样，组成整个组织的所有团队都需要相互配合。高层管理者需要团结所有成员形成一个相互配合的组织。为此，团队建设鼓励成员们参与每一项决策，共同查找不足之处，发展更为有效的协调方法，建立更富效率的团队。这样，团队成员可以协同一致去解决问题，共享愉悦和谐的人际关系，进而更好地完成任务。

关键点提示

让销售团队成员参与决策时，销售经理需要做到以下四点：

1.强调以人为本，尊重个人意见；2.用系统思考观点研究问题、解决问题；3.营造自主的生态环境；4.营造支持性的环境。

8.16 如何规避销售团队管理中的常见误区

工作场景描述

当想规避销售团队管理中的常见误区时，可查看。

解读与分析

在团队的建设过程中可能会碰到下列常见问题，能否克服这些问题，关系到整个团队是否能健康茁壮地成长。下面将一般的解决方案提供给销售经理，希望能对销售经理的工作有所帮助。

1.团队工作比较忙乱

这是销售团队最容易被忽视的现象。这种现象的典型表现是：整个团队工作非常繁忙，每一位成员都在满负荷地拼命工作。对他们来说，“不加班”就算是福利。同时，团队达成目标却总是极其痛苦，通常需要上级对下属不断地施加压力，而下属们则需要依赖“压货”“欺骗客户”等非常手段才可能达成目标。团队管理客户的能力很差，信用状况不佳。无论销售经理、销售员还是客户都是满腹怨言，异常疲劳。

解决方案：制订计划并严格遵守。

2.反应力及行动力不足

这是影响销售团队能力最直接、最典型的现象。这些团队在面对突发的市场变化时总是比竞争对手反应迟钝，制订有针对性的市场方案往往需要更长的时间。而在方案的执行和推广过程中，团队的推进速度缓慢，充满各种矛盾，并且存在很大的执行偏差。

解决方案：加大前期准备工作。

3.内部沟通困难，障碍重重

在团队内部，各部门各自为政，部门间沟通困难。每一个重要项目都需要高层主管亲自负责、亲自跟踪才能完成；同时，每一个方案都必定来自高层管理者，至少源于其某一个思想或某一句话。团队出现老化现象。这种老化不仅表现在内部人员结构、平均年龄等客观因素方面，更重要的是表现在整个团队的心态、干劲等主观因素方面。在老化严重的销售团队中，成员普遍缺乏工作激情，工作的主动性、积极性不足，每个人都表现出强烈的自我保护意识，成员间合作的程度和频率低，缺乏协作精神。在团队开展新的工作时，所有人首先想到的不是工作应当如何最有效率地开展，而是严格区分在这项工作中我应当做的是什么，应当做到什么程度。

解决方案：鼓励成员彼此交流，不要为交流占用上班时间而中断成员间的沟通。

4.人事关系复杂

从人员结构来看，“液化”和“固化”同样严重。一部分销售团队的内部员工流动如同走马灯，居高不下的流动率已构成业务稳健增长的障碍；另一部分销售团队正好走到了它的反面，人员结构处于长期的超稳定状态，员工心态老化，好像看不见底的沟壑，抵消了企业接近市场的努力。

值得注意的是，人事编制越复杂，销售团队花费在管理上的时间就越多，管理所耗费的财力也越大，这种人事障碍对团队的发展有时是致命的。此外，个人利益以及由其衍生的“内部人控制”相当程度地腐蚀着团队的凝聚力。复杂的利益纠葛与“内部人控制”互为因果，原本含义明确的人事管理目标因为被赋予了区域特定的背景色彩而变得模糊，量化的考核指标成了多方“诸侯”争夺权利资源的工具。

解决方案：简化人事编制，加大授权力度。

5.工作缺乏连续性

排除制度管理的因素，工作缺乏连续性实际上是人事纠葛复杂的一个结果。其表现主要有两种。一是跳槽引发人事震荡。一个销售经理的离职可能会导致一批业务骨干的流失，从而在事实上造成工作停滞；二是换人换风格，造成前后不一。新任销售经理往往会有新思路，会彻底推翻原有的东西，另起炉灶，使区域运行成本增加。

解决方案：不宜频繁更换高层管理人员。

在销售团队的一切工作中，必须坚持用户第一的销售理念。销售团队要紧紧围绕用户的需要，在产品的售前、售中、售后服务上有所突破，通过品牌的维护和提升为用户创造终身的价值。对于一切影响这一终极目标的障碍，企业都要毫不迟疑地予以解决。

关键点提示

克服团队成长的障碍需要做到以下五点：

1.解决团队工作比较忙乱：要制订计划并严格遵守；2.解决反应力及行动力不足：要加大前期准备工作；3.解决内部沟通困难：要鼓励交流；4.解决人事关系复杂：要简化人事编制，加大授权利度；5.解决工作缺乏连续性：对高层管理人员不要频繁更换。

8.17 如何制订团队会议的议事日程

工作场景描述

当需要制订团队会议的议事日程时，可查看。

解读与分析

销售经理花些时间准备一份议程，有利于达到会议目的，提高会议效率，并使每一个与会者聚精会神。因此，当销售经理安排会议的议程时，须参考以下步骤。

1.明确会议议题

限制会议的主题范围，销售经理应使所有议题都只针对会议目的。有些会议只需要设定一个议题，也有些会议需要设定多个议题，要把最重要的议题优先安排在会议的开始阶段。

2.设定讨论项目

销售经理应该从简单且简短的项目开始进行议题讨论，然后再讨论比较困难的项目，最后才是简报或纯属提供资讯的项目。并且，为了提高会议的参与度，销售经理应该明示每一个项目的提案，确保从第一个项目到最后一个项目都是人人参与。

3.指明议题的讨论方式

销售经理预先确定并说明每一个议题应该以什么样的方式呈现，例如，是圆桌讨论、联合演习，还是电视录像，这将有助于与会者就各自的角色做好充分准备。

4.安排会议地点和开会时间

制订时间框架，销售经理为每一个议题分派时间，尽量给那些相对重要的议题多分派一些时间。还需要注意的是，在会议时间安排中，简短的休息时间是不可缺少的。如果会议的气氛不是特别活跃，一个小时后仍集中精力关注于会议的人就会寥寥无几，与会者的身体仍然坐在会议室里，可他们的心却早已游荡四方，这时候，哪怕利用30秒钟站起来伸个懒腰也会有助于他们重新振作精神。

5.引入缓冲机制

通常情况下，设定的议题要比原先估计的情形占用更多的时间，因此，如果销售经理估计一项议题可能会占用35分钟，那么就最好派给它40分钟到45分钟。缓冲时间主要用于会议领导人临时穿插的讲话，或者与会者的提问以及评论。

6.提前发放会议议程表，并及时采纳成员就议题选取和会议安排的建议

团队会议成功的秘诀在于团队成员清楚地了解会议目的。通常情况下，销售经理将从对会议的精心准备中获得意外的收获。

销售经理提前准备好议事日程，可以让每个团队成员都有所准备。不管销售经理有多自信，都不妨在会议开始时向团队简单介绍一下自己认为完美的议事日程。

关键点提示

制订团队会议的议事日程有以下三个步骤：

1.设立清楚的目的或议题；2.准备并发放会议议程；3.提前设定会议讨论时间。

8.18 如何鼓励大家积极参与销售团队会议

工作场景描述

当想鼓励大家积极参与销售团队会议时，使用此技能。

解读与分析

就算销售经理能强迫每个成员都来参加会议，也无法要求人人都照销售经理的意思行事。其实，与会者这种不积极投入的态度，恰恰显示了团队会议并未完全发挥其应有的作用。如果想要让团队会议有更好的效果，建议销售经理参照以下做法。

（1）销售经理了解与会者是否有不愿参与团队会议的情绪，并找出消极态度的根源，倾听他们的兴趣所在。如果合适的话，把它们列入本次会议进行讨论。

（2）强调共同协作完成会议目标的重要性。销售经理强调开会讨论的好处以及制订会议议事日程的重要性。销售经理要让团队成员明白，定期会面决非浪费时间，反而是协助团队迈向成功的重要途径。

（3）授予团队成员更多的权利。销售经理要让团队成员明白，团队会议进行得顺利与否，不是销售经理一个人的责任，每个与会者都应该贡献自己的力量。销售经理不妨要求成员轮流承担起保证会议顺利进行的职责。例如，销售经理可以安排成员负责构思会议讨论的议题，或者担任控制会议时间的工作。

（4）积极鼓励大家在会上发言。销售经理应当等所有成员都发表完意见之后再陈述自己的观点。销售经理的职责就是让所有人知道该怎么做，协助激发光彩夺目的智慧结晶，而不是一股脑儿地把自己的决定灌输给他人。

（5）销售经理全神贯注地倾听发言，以正面的态度表达反对或批评意见。销售经理应该要做会议中最专心的人，尽量以点头、微笑或他人发言时保持倾听等动作鼓励大家积极参与。

许多成员认为团队会议浪费时间、毫无用处，所以不喜欢开会。如果销售经理想改变大家的这种成见，就必须好好规划团队会议的召开方式。这种事前的投资绝对是超值的。

关键点提示

鼓励大家积极参与团队会议的做法有以下三点：

1.注意疏导成员不积极的情绪；2.授予成员适当的权利和义务；3.认真倾听，鼓励成员畅所欲言。

8.19　如何处理销售团队会议中的迟到现象

工作场景描述

当处理销售团队会议中的迟到现象时，可查看。

解读与分析

处理开会迟到需要一点技巧，销售经理可以按照以下几个步骤进行。

1.询问迟到者迟到的原因

如果有与会者开会迟到而未事先说明迟到原因，销售经理要仔细询问他为什么迟到，是主观原因还是客观原因。

2.强调准时开会的必要性

例如，在会议室醒目处摆上时钟，间接告诉成员销售经理是一个守时的人。对经常迟到的成员，销售经理应予以严厉批评。经常迟到不但会干扰会议进程，也是对销售经理权威的蔑视和挑战。

3.把握对迟到者的态度

迟到者出现时，销售经理应该表示欢迎，但如果对迟到者太客气，等于是鼓励这种不当行为，其他人则会误以为销售经理不介意开会迟到，对于屡次迟到的成员销售经理应该施以小小的惩罚。

4.帮助迟到者进入状态

销售经理要协助开会迟到者进入状态，简要介绍先前会议中所达成的重要决议。除屡教不改者外，大部分迟到的人其实都挺内疚的，所以做完简要介绍以后，销售经理不妨适当安慰迟到者。

5.宣布按时开会，即使人员尚未到齐

如果坚持全体成员到齐才开会，销售经理等于是鼓励与会者不守时，甚至是变相惩罚准时出席者。

6.安排合适的会议时间

销售经理要尽量将会议时间安排在大家精力都比较充沛的时间，例如一周中的前几天，以减少迟到现象的发生。要照顾关键人物参加会议的时间，如果关键人物不在，宁可推迟会议。

7.树立准时出席的榜样

如果销售经理很重视准时开会，最好的办法就是以身作则，率先树立守时的好榜样。当然销售经理也能理直气壮地对迟到者大发雷霆，结果自然就没有人敢迟到了。

好的开始是成功的一半。按时开会才能按时散会，把控好时间是会议成功的关键。

关键点提示

处理团队会议迟到现象有以下三个步骤：

1.区别对待出于不同原因的迟到者；2.确保准时开始团队会议；3.树立准时出席的榜样。

8.20　如何避免冗长无效的销售团队会议

工作场景描述

当想避免冗长无效的销售团队会议时，可查看。

解读与分析

团队会议中常常有这样的现象：会议时间延续过长却没有拿出解决方案或者就某一问题达成共识。为了避免会议中这种超时现象发生，销售经理可以参考以下做法。

1.提前设定时间计划，安排议题优先顺序

根据事件的轻重缓急预估每个议题的时间并明确标出。同时，在会议中严禁未经允许的私下交谈，如确需要个别交流，可采用递纸条的办法进行。销售经理还应该在会议开始时重申本次会议议程，并强调时限，控制会议进程，迅速分派任务。

2.向发言人交代清楚他的项目被分派的时间

销售经理要求参会人员一定要遵守时间限制。让所有成员都明白，如果发言人超过了规定用时，一些项目不得不被清除出去，否则会议议程就会被全盘打乱。

3.对各种各样的意见和看法做一下归纳和总结

如果团队因不必要的、漫步边际的讨论而耗时过长，销售经理千万不要采取放任态度。销售经理将讨论内容或结果提纲挈领地整理并反馈给团队，有助于避免讨论过程中出现主题分散的情况。

4.提醒大家注意最后期限，以唤起大家的紧迫感

紧迫感能刺激思维，没有什么比长时间滞留在一个问题上更令人讨厌了。销售经理可以考虑请某一位团队成员充当计时员，在某项讨论只剩下几分钟时大声宣告时间快到了。让计时员及时给参会人员或发言人发送信号，可用简单的手势示意，如“拳头”表明议题规定时间只剩下10分钟，“竖起五根手指”就是在告诉参会人员“只剩下5分钟了”。

5.宣告会议结束，未完成部分留待下次会议解决

如果销售经理想向团队成员强调自己是一个非常守时的人，甚至可以带个闹钟来开会，并且把闹钟设定在预定的散会时间。将闹钟放在会议室醒目处，间接告诉团队成员："会议时间1小时，时间一到我就走人。我走了，你们也可以散会了。"

销售经理有时会为会议制订完善的议程，却因为缺乏对会议过程的控制而导致会议无法达到预期效果。如何充分利用会议的每一分钟，是销售经理的课题之一。

关键点提示

避免冗长无效的团队会议的做法主要有以下三种：

1.向发言人交代清楚他的项目被配给的时间；2.提醒成员注意会议时间；3.准时宣布团队会议的结束。

8.21 如何处理销售团队会议中的争论现象

工作场景描述

当想处理销售团队会议中的争论现象时，可查看。

解读与分析

冲突是会议讨论中客观存在的事实，陷于持续争论的会议无法达到预期的效果。作为一名领导者，销售经理需要学会引导成员自己解决冲突。

1.提供一些帮助以促使成员为解决矛盾而努力

销售经理不妨说："我知道解决这个问题对你们来说都很重要，我可以帮忙吗？"

2.澄清会议的目标与讨论的主题，以避免离题的争议

假若争议是离题的，销售经理应立即制止，并重复会议的目标与讨论的主题。

3.为他们的争论提供基本的原则

销售经理强调真正重要的是什么，什么是对的，而不是谁是对的，要将注意力集中在会议主题而非销售人员本身。

4.以公平、中立的态度对待团队成员，给予每个人平等的发言机会

公正、有效的沟通氛围，有助于促进团队成员的沟通，还有助于集中不同的看法，促进彼此的了解。

5.建议休息片刻以让情绪稳定下来

销售经理不妨建议大家静下心来，更多地思考争论点。

6.注意聆听，让成员说出各自的观点

为了避免混淆和误解，有必要时，销售经理需要重申观点以澄清意旨，让成员认真聆听后说出自己的观点。

7.集中在核心问题上

对于意见冲突的部分，销售经理要有技巧性地“求同存异”，不偏袒任何一方。销售经理不妨通过提出一些开放性的问题，使双方的观点明确，从而搞清和定义出产生冲突的核心问题，找出他们的共同利益、共同目标。当销售人员考虑彼此的共同利益时，争论就会变得更加合情合理，也就更有可能达成共识。

8.强调员工达成共识

为了确保冲突能够真正地得以解决，销售经理对销售人员以合理积极的方式解决冲突的表现提出表扬，及时总结已经解决的要点，如：“让我们快速重复一下我们已经达成的一致点，就第二项而言，诸位认为的最佳方案是……”这样可以明确指出已经达成一致的地方。

没有人会认为化解争议是一件容易的事情，即使销售经理知道应该怎么去做，也应当谨慎行事。当销售经理在与团队成员一起为解决争端而进行讨论时，采取一些解决技巧是必要的，同样的技巧也可以应用到其他冲突当中去。

关键点提示

处理团队会议中的争论现象的方法主要有以下八种：

1.提供一些帮助以促使成员为解决矛盾而努力；2.澄清会议的目标与讨论的主题，以避免离题的争议；3.为他们的争论提供基本的原则；4.以公平、中立的态度对待团队成员，给予每个人平等的发言机会；5.建议休息片刻以让情绪稳定下来；6.注意聆听，让成员说出各自的观点；7.集中在核心问题上；8.强调员工达成共识。

8.22 如何避免销售团队会议中出现冷场现象

工作场景描述

当想避免销售团队会议中出现冷场现象时，可查看。

解读与分析

常常有这样的情况发生：会议主持提出问题希望大家进行讨论，但是全场非常冷清，很少有人发表意见。这时，销售经理可以参考以下的做法。

1.提前分派议题给团队成员

如果可能的话，销售经理最好在会议召开前两三天将议程发放到每一位与会者手中。这样做有助于他们事先做好充分的准备。同时，将希望与会者事先浏览的相关资料一同附上，表达销售经理对团队成员事先做好会议准备的期望。

2.用沉默的技巧提供成员思考和收集意见的时间

鼓励团队成员积极参与，如果销售经理要鼓励很少发言的团队成员发表意见，就要给他们时间思考，否则在销售经理的逼迫下，即使成员发了言，也可能词不达意。

3.注意众人的反应

一般人想发言时，总会展现明显的肢体语言，像摇头、点头、皱眉、微笑或者满脸疑惑等。如果销售经理能注意到这些反应，就能准确把握征求与会者发言的最佳时机。

4.询问一些试探性的问题，表现得活跃一些

开始的时候可以仅要求成员用自己的话来陈述议题，待会议气氛稍稍缓和时，销售经理不妨通过提一些没有结论的问题引发讨论，培养成员的参与意识，激励创造性思考。可以请团队成员讲一讲他们现在的忧虑，对前途的构想，也可以请团队成员花点时间，讨论目前的问题。

5.鼓励大家运用更多形象的辅助手段做会议报告

销售经理可以请团队成员走到会议主要位置发言，而不是坐在他自己的位子上说话；或者把开会地点移至某个特殊场合，偶尔在开会地点上变变花样，有助于维持团队的活力。销售经理更进一步的做法，则是建议众人在开会时带一样能激发他们灵感的事物，无论是一首诗、一张照片、一个故事，还是一段曲子都可以。销售经理与众人分享这些事物，可以缓和会场气氛，激发成员的思考动力。

6.授予团队成员更多的决策权

团队会议不是单向沟通，销售经理应该尽量避免会议流于“你讲，大家听”的模式。团队会议不是销售经理显示威望或表现销售经理是当家老大的时候。建议销售经理让每个人轮流主持会议，这样能增进大家主持会议的技巧，进而改善会议的品质；此外，正因为每个人都有主持会议的经验，都了解提高会议效率的难处，所以在别人主持团队会议的时候才会设身处地为他人着想。

好的会议主持人能够营造团队互相感应、温暖、友善、不拘形式的气氛，使成员在会议上畅谈内心感受。让会议成为大家交流的最好场所，一定会有意想不到的收益。

关键点提示

避免团队会议中出现冷场现象的做法主要有以下六种：

1.提前分派议题给团队成员；2.用沉默的技巧提供成员思考和收集意见的时间；3.注意众人的反应；4.询问一些试探性的问题，表现得活跃一些；5.鼓励大家运用更多形象的辅助手段做会议报告；6.授予团队成员更多的决策权。

8.23 如何避免销售团队会议中的离题现象

工作场景描述

当想避免销售团队会议中的离题现象时，可查看。

解读与分析

和议题无关的发言不管如何精彩，也会把讨论引向脱离议事日程的方向。下面是几个使会议讨论围绕主题的建议。

1.确定紧扣议题讨论

建议销售经理将所要讨论的问题写在海报上，这样每个与会者都能清楚地知道会议的进程。销售经理不妨将关键的三个议题归纳成三句话，以避免不当的举例或引证、故事牵涉太广、主题跳跃等现象。

2.提醒发言人注意当下的讨论事项

销售经理不妨以预警方式控制会议讨论的方向，也就是说，一旦有人偏离主题，销售经理就立刻提醒或警告。例如，当销售经理发现讨论内容开始不知所云的时候，可以立刻做出明显的手势，发出警告。

3.提出一个围绕主题的问题来让团队重新集中在主要话题上

当有发言者开始转换论点时，要以体面的方式打断他。销售经理可以说："你提的问题等会儿再说，现在还不急于解决。不过，关于预算控制，我想听听你的看法。”

4.将离题的部分存储在会议记录中，待会后讨论

销售经理需要将临时出现的但不是本次会议需要讨论的议题记录下来。如果“机动”时间足够，就在“机动”时间讨论，如果时间不够，可以在下次会议中讨论。记录离题讨论是一个礼貌且直观的方式，既可以激励成员进行坦诚的交流，也可以帮助会议紧扣主题。

离题的会议浪费时间而又毫无成果。如果销售经理纵容会议沦为聊天乐园，会议将一事无成。

关键点提示

避免团队会议中出现离题现象的三点建议：

1.只进行与主题密切相关的讨论；2.不失时机地进行引导与小结；3.适当调整讨论内容的结构。

8.24　如何排除销售团队会议中的干扰现象

工作场景描述

当想排除销售团队会议中的干扰现象时，可查看。

解读与分析

素有“会议杀手”之称的干扰是让很多销售经理头痛的事。下面的几点建议可减轻或排除会议中的干扰现象。

1.来自会议外的干扰

（1）智能手机。规定开会时一律关掉智能手机或者将手机设置成静音模式。销售经理可以作出表率，将智能手机关机后放在会议桌上。

（2）工程噪声。销售经理预先探查噪声发生的源头，与施工单位预先协商。

（3）会议用餐。销售经理预先定好就餐的时间。

（4）意外访客。销售经理在会议室门上张贴公告："开会中，请勿打扰"；或者请值班人员负责接待、登记，并且请那些没有事先约定的访客稍后再来，如有必要，可以留言。

2.来自会议内的干扰

（1）私下讨论。销售经理说明倾听他人意见的重要性，要求与会者会后再与他人分享相关内容。

（2）不合作成员。销售经理提醒捣乱者遵守会议议程，运用集体的力量帮助那些不合作的同事遵守会议准则。

（3）会场噪声。销售经理制止成员玩弄钢笔、翻阅书刊以及私自使用笔记本电脑等行为。请大家保持会场安静，不妨开口说："我想我们都应该仔细聆听别人的发言。"或者销售经理干脆打个安静的手势，看着对方的眼睛，然后一边把竖直的食指放在嘴唇前，一边指着干扰源。

在处理会议干扰时，销售经理不妨多征询所有团队成员对干扰的看法，通常大家都会支持销售经理的做法。

关键点提示

销售经理可以采取以下三种方法来排除团队会议的干扰现象：

1.立刻采取相应行动；2.保持冷静平和的态度；3.获得大家一致赞同。

8.25 如何引导销售团队会议的结束

工作场景描述

当想引导销售团队会议的结束时，可查看。

解读与分析

在会议的最后阶段，销售经理需要回顾议程完成的情况，总结会议讨论的结果，并为团队分配工作任务，这些工作可以通过以下步骤来完成。

1.回顾一下大家谈及的要点，或者把它们作为问题向团队提出来

呼吁与会者谈谈他们的会议心得，以及关于改善会议的建议。

2.明确个人分工

销售经理回顾一下会议所指定的任务，包括各项任务分别由谁负责，完成任务的期限以及汇报成果的方式等。

3.明确下次会议安排

销售经理为下次会议选出会议主席，安排下次会议的时间和地点，提出下次会议所需的信息，确定由谁负责收集。

4.重述会议目标，以呼应开始的阐述

销售经理要重新叙述会议目标，与会议开始阶段的相关内容进行呼应。

5.完成会议纪要

销售经理记录一些重要的论点、任务分配情况以及达成的协议。会议之后记录员将会议纪要打印多份，由会议主持签字后发放给每一位与会者，以提高大家对会议的共识。

销售经理要避免草率的会议结尾。成功的会议需要销售经理投入很多精力。实践会证明，所有的努力都是值得的。

关键点提示

销售经理引导团队会议结束有以下三个步骤：

1.回顾要点，将会议成果再次通告；2.分派任务，规定期限，明确责任；3.做会议纪要并发放给所有与会者。

8.26 如何评估销售团队会议的讨论效果

工作场景描述

当需要评估销售团队会议的讨论效果时，可查看。

解读与分析

定期与团队成员讨论并评价会议的效果，对销售经理来说是一项有价值的反馈；而对与会者来说，则可以使他们慎重地考虑如何才能使花费在会议上的时间更有价值。

1.制订并发放会议评估表，安排专人收取评估表

销售经理从与会者处了解会议是否成功是评估会议讨论效果的最好途径。因此，可以通过让与会者填写会议评估表来获取他们对会议的评价，并了解是否还存在可改进之处。

2.检查会议各项程序，并总结它们是否存在不足之处

好的会议需要全体会议工作人员进行自查。因此，销售经理需要掌握会议每一个环节，并建立客观准确的评价系统，对团队成员必须同时强调成功之处与不足之处。

3.与会议工作人员召开评估讨论会

评估讨论会可能会使人深受启发，但极具挑战性，而且会使人筋疲力尽，不过最终将让参会人员很有收获，参与评估讨论会的经历非常有价值。

4.完善会议评价标准

当所有这一切结束后，销售经理可能会对团队会议的某些方面感到失望，但却因为其他方面而兴奋不已。因此，销售经理收集与分析完所有的反馈信息，完成最后一项工作之后，还要为团队的经历而庆贺。为了保持对会议的控制，销售经理和团队成员应一起制订并执行一套会议评价标准，并不断完善团队会议，让它变得更有效。

关键点提示

评估团队会议讨论效果的方法有以下四种：

1.制订并发放会议评估表，安排专人收取评估表；2.检查会议各项程序，并总结它们是否存在不足之处；3.与会议工作人员召开评估讨论会；4.检讨会议工作。

8.27　如何领导销售团队迈向未来

工作场景描述

当想领导销售团队迈向未来时，可查看。

解读与分析

随着社会的不断发展，市场竞争愈加激烈，企业必须以鲜明而正确的观念来经营销售团队，只有避免无谓的错误，才能在激烈的竞争中立足。向世界一流的团队冲击，销售团队需要勇气，需要转型发展以适应新的商业环境，而不是循序渐进地过渡。领导销售团队实现飞跃可以参考下面几个关键点。

1.消除自满情绪

从过去的成就中走出来。成功的附加品是骄傲、惰性和官僚主义。随着团队成员年龄的增长，他们对变革的抵制会慢慢滋生。因此，销售经理为了确保未来的一流地位，必须甘愿抛弃今天的辉煌和成就。

2.善于捕捉信息

销售经理要分析团队的变革需求，及时抓住机遇。在任何团队的经营历史上，都至少有一个必须进行重大变革的关键时刻，错过这一时刻，团队就会开始走向衰败。

3.愿景管理

当销售团队规模不大，或分支机构不多时，团队成员之间的沟通并不是那么受到重视。由于管理一个销售团队，销售经理必须将企业的经营目标与愿景相结合，因此让员工都能有共同努力的目标，就显得相当重要。

4.绩效管理

很多员工都对企业的绩效管理制度不满，企业因此损失了很多优秀人才。绩效管理不当，也会导致员工士气低落。可见，绩效管理与企业愿景的建构有重大关联，同时管理者也应了解要达到企业的经营目标的关键因素是如何将目标与员工绩效相结合。

5.留才策略

很多销售经理看到销售团队内员工流动率不高，就沾沾自喜，认为自己的企业人才稳定。事实上，全球化时代销售团队之间的竞争愈来愈激烈，销售经理须以策略性思维分辨出“留下来的究竟是什么人”。如果一个团队内走掉的都是优秀人才，而稳定留下来的是一些低贡献度的员工，长期来看并非企业之福。

所以，销售经理应设法留住最优秀的人才，但留住最优秀人才是很困难的，因为他们很抢手。为了实现留住人才的目的，销售经理可以为员工提供较为优厚的条件，并告诉他企业未来的工作展望。

6.产生紧迫感

销售经理应考察市场现状并分析竞争趋势，识别危机、潜在危机和重大机遇，时刻提醒自己“我要掉队了”，然后时刻让自己的团队在这种压力下前进。

7.建立强有力的联盟和领导队伍

销售经理应分析团队中管理者和成员在变革中所代表的各类角色，团结一切变革力量，以团队强有力的群体来领导变革，鼓励群体成员协同作战。

8.扫清障碍

实现团队规划与战略规划的前提是成功的沟通，沟通后销售经理还须扫清前进道路上的障碍，而这种障碍通常来自现有团队结构。销售经理可以授权他人执行变革任务，如果销售经理附带一幅未来前景的蓝图，会很容易与团队成员交流，并感染他们，让团队成员相信实施变革是可能的，并且是有益于他们的。这样才能赢得团队成员广泛的认可和支持。

9.项目职能发展

优秀的销售团队善于创造和利用项目，运用项目负责制提高跨部门合作的水平。在现实的销售运作中，部门间的合作障碍是所有团队都将面临的严重问题，是影响团队运作速度及效率的重要因素。经常性项目合作的方式就是通过将部门间合作不断转化为部门内的合作，创造部门间的合作机会，从而达到打破部门间障碍，提高销售团队速度和效率的目标。

团队工作需要协作，协作是销售团队最为重要的特征。

10.巩固已有成果

深化企业变革，切勿过早宣布大功告成。过早地宣布大功告成是扼杀变革动力的直接杀手。变革领导者应利用短期胜利所赢得的信誉进一步解决更大的问题。

11.让变革在企业文化中扎根并成为制度

变革领导者要让团队成员意识到新方法、新行为和新结构是如何帮助人们提高效率的，并应确保今后的高级管理层真正成为新方法、新行为的表率。

12.传承管理

在全球化激烈竞争的环境中，企业快速成长，也快速消退。通常企业的领导人才是呈缺乏状态的。企业选才的方法不外乎是向外寻求人才，或是挖掘企业现有人才。但根据相关调查，企业从外部引进人才作为接班人选的失败率高达50%~75%，因此，企业必须认真考虑如何有效地从内部培养人才，在企业内设立一个快速培养具有潜能的候选接班人梯队，以避免管理层出现断层。

此外，销售经理要创建具有竞争力的销售团队，就必须在经营管理的每一个环节都做到最优，充分发挥每个团队成员的作用，鼓励团队成员主动承担责任。

关键点提示

带领团队迈向未来的方法包括以下十二种：

1.消除自满情绪；2.善于捕捉信息；3.愿景管理；4.绩效管理；5.留才策略；6.产生紧迫感；7.建立强有力的联盟和领导队伍；8.扫清障碍；9.项目职能发展；10.巩固已有成果；11.让变革在企业文化中成为制度；12.传承管理。